ACOLHENDO A SOMBRA PARA DAR À LUZ

Do Caos à Consciência

Daphine Grimaud

ACOLHENDO A SOMBRA PARA DAR À LUZ

Do Caos à Consciência

© 2018, Madras Editora Ltda.

Editor:
Wagner Veneziani Costa

Produção e Capa:
Equipe Técnica Madras

Revisão:
Silvia Massimini Felix
Neuza Rosa
Margarida Ap, Gouvêa de Santana

Dados Internacionais de Catalogação na Publicação (CIP)
(Câmara Brasileira do Livro, SP, Brasil)

Grimaud, Daphine
Acolhendo a sombra para dar à luz / Daphine Grimaud. -- São Paulo : Madras, 2018.

ISBN 978-85-370-1159-1

1. Autoconhecimento 2. Crescimento pessoal 3. Espiritualidade 4. Experiência de vida 5. Literatura brasileira 6. Psicologia transpessoal I. Título.

18-20826 CDD-248.4

Índices para catálogo sistemático:
1. Crescimento pessoal : Vida espiritual 248.4
Maria Alice Ferreira - Bibliotecária - CRB-8/7964

É proibida a reprodução total ou parcial desta obra, de qualquer forma ou por qualquer meio eletrônico, mecânico, inclusive por meio de processos xerográficos, incluindo ainda o uso da internet, sem a permissão expressa da Madras Editora, na pessoa de seu editor (Lei nº 9.610, de 19/2/1998).

Todos os direitos desta edição reservados pela

MADRAS EDITORA LTDA.
Rua Paulo Gonçalves, 88 – Santana
CEP: 02403-020 – São Paulo/SP
Caixa Postal: 12183 – CEP: 02013-970
Tel.: (11) 2281-5555 – Fax: (11) 2959-3090
www.madras.com.br

Agradecimentos

Agradeço a toda a espiritualidade amiga que esteve presente enquanto eu escrevia, me orientando, intuindo e auxiliando.

Ao meu amado companheiro Juan Antônio Acuña, por ter me dado todo o suporte necessário e por fazer parte tão essencial de minha história, um exemplo de mansidão, compreensão, sabedoria e tolerância.

A todos que contribuíram de forma direta em meu processo de aprendizado e despertar: Serrana Muniz e Ary, Fernanda Ghanem, Danielle Monjardim, Mauro Kwitko, Cristiane Soares, Juliana Cinelli, Lúcia Maria de Souza e a todos os médiuns trabalhadores da Casa de Padre Pio.

Aos meus pais Georges Grimaud e Isabella Marinho, por me concederem essa oportunidade única de estar aqui.

À minha irmã Nicolle Grimaud, com quem compartilhei os momentos mais importantes de minha formação nessa existência. Um privilégio tê-la como irmã nessa jornada; me sinto muito grata por tudo o que aprendemos e compartilhamos juntas. Quanto mais abertas ao mundo espiritual, mais valor damos ao nosso reencontro nessa Terra.

A Ricardo Vidal e Sebastião Braga, amigos queridos, que foram instrumentos divinos em meu processo.

A todos que carinhosamente me apoiaram na finalização desta obra: Carla Chaim Moraes, Taciara Riva, Isabel Cristina João, Soffi Riccio e a todos os que contribuíram para o projeto deste livro no Catarse.

Gratidão! Gratidão! Gratidão!

Sumário

Objetivo 10
Introdução 20
Parte 1: A Vida como Ela Foi 24
Capítulo 1. A Religião e a Crise 25
Capítulo 2. A Fuga Geográfica se Inicia 31
Capítulo 3. Em Busca de um Diagnóstico 34
Capítulo 4. A Grande Loucura 37
Capítulo 5. Começando Mais uma Vez 40
Capítulo 6. Enfrentando o Fantasma do Passado 45
Capítulo 7. A Pré-Contemplação de um Despertar 49
Capítulo 8. A Contemplação do Despertar 51
Capítulo 9. Preparação para o Despertar 54
Capítulo 10. Decolagem Rumo ao Conhecimento Infinito 56
Capítulo 11. O Despertar 66
Capítulo 12. Que o Novo Seja Sempre Bem-Vindo! 78
Parte 2: Ferramentas Que Facilitaram
o Meu Processo de Despertar 85
É Preciso Libertar a Mente 86
    Terapias e Cura 89
    Sem atualização não há evolução 93
    Desmistificando a cura 94
Apometria 95

Leitura de aura 96
Meditação Vipassana 97
Psicoterapia Reencarnacionista (PR) 98
Cura prânica 102
A Umbanda 102
Parte 3: Textos Inspirados (Conexões Com Meu
Eu Superior e Amigos Espirituais) 110
   Texto 1: A verdadeira espiritualidade:
   todos alunos, todos professores............................... 110
   Texto 2: O sentido da dor da perda 113
   Texto 3: Somos deuses! 115
   Texto 4: O ascender do EU 118
   Texto 5: Beleza de Ser quem se É 120
   Texto 6: Psicografia Sem Título 123
   Texto 7: Psicografia Sem Título 124
   Texto 8: Aqui se faz, aqui se paga 124
   Texto 9: Luz e Sombra 125
   Texto 10: O silêncio e a quietude 126
   Texto 11: A importância da compreensão
   do que é a morte 128
   Texto 12: Trabalhem, meus irmãos! 129
   Texto 13: Psicografia Sem Título 130
   Texto 14: Jesus 131
   Texto 15: O objetivo de seu projeto 133
   Texto 16: Psicografia Sem Título 134
   Texto: 17: É hora da Ação 135
   Texto 18: Tudo é questão de Consciência 136
   Texto: 19 Psicografia Sem Título 137
   Texto 20: Coração a pulsar 138

Texto 21: O amor desabrocha... 138
Texto 22: Ego x Consciência /Criação x Evolução............. 140
Texto 23: Conexão 142
Texto 24: O maior de todos os ataques............................... 143
Texto 25: O bom uso do livre-arbítrio................................ 144
Texto 26: Autoobsessão e Obsessão..................................... 145
Texto 27: Psicografia Sem Título... 147
Texto 28: Psicografia Sem Título... 147
Texto 29: Conexão com meu Eu Superior........................ 148

Objetivo

Nosso objetivo aqui nesse planeta é encontrar um estado de paz e harmonia, sem que sejam necessárias fugas ou dependências, somente sendo quem se é, na essência. Parece impossível, porque constantemente precisamos nos conectar a pensamentos que nos levem ao lugar aonde queremos chegar, no futuro, na *matéria* e fora do Agora.

Esse livro focará no despertar da verdadeira espiritualidade, no contato com nossa verdadeira essência. É através desse **estado de consciência desperta** que nos encaixamos no mundo material, de forma a trazer maior bem-estar para nós mesmos e para todos ao nosso redor. Essa é nossa missão aqui, despertar para a nossa *verdadeira potência amorosa*.

Mas **o que significa o despertar da consciência?**

Significa que *temos duas formas de passar pela vida*:

A *primeira* é sermos levados pelo fluxo evolutivo, sem comprometimento nem responsabilidade com o conhecimento e autoconhecimento, o que inclui sermos arrastados por nosso vasto Inconsciente e suas sombras ocultas, que nos levam a reagir e nos defender. Nessa primeira forma, o indivíduo não consegue se enxergar tal como é – em essência – , e assim é guiado pelo próprio ego e padrões, que o levam a ações e consequências futuras, ligações cármicas resultantes da lei de causa e efeito. Ação e reação.

O que é Carma? Gerar um *Carma* envolve um alto grau de **reação**. São *emoções altamente magnetizadas* por nós em estado de desequilíbrio, que automaticamente *gerarão situações e circunstâncias para que o equilíbrio perdido seja recuperado*. Significa que todo efeito teve uma causa, e não há causa sem efeito. Uma situação em que você reage, com raiva, por exemplo, estará magnetizando (qualquer reação emocional gera magnetismo/emoção=magnetismo), e, portanto, atraindo futuramente uma situação que o convidará a aprender a não mais reagir com raiva, mas sim agir de forma equilibrada. Assim sendo, nessa primeira forma de levar a vida, **por ignorância de si mesmo** – afastado do amor, da confiança e da conexão com seu espírito –, o indivíduo colhe sofrimento, porque **irá passar pelo fluxo evolutivo sem medir as consequências de suas ações, até que desperte a consciência** de que é um ser espiritual em uma passagem material. Esse *estado de automatismo* diante da própria existência geralmente chega ao fim quando a pessoa passa por alguma perda, dor, situação difícil, em que a única saída é se render e confiar. Então, em um estado de vulnerabilidade, inicia-se um processo de desconstrução do ego para adentrar as esferas do amor. Dessa forma, o indivíduo acaba por sair de um estado no qual o MEDO impera para então desenvolver um estado de CONFIANÇA.

A *segunda* forma é o indivíduo **se responsabilizar consigo mesmo e com o mundo ao seu redor, de uma forma amorosa**, que é gradual e crescente. É empenhar-se para conhecer-se, e, à medida que vai se descobrindo, entende também sua importância e responsabilidade nesse Universo, que ele carrega em si mesmo. **Essa responsabilidade o levará à liberdade verdadeira, e não ao que ele denominava liberdade.** E à medida que o Ego vai sendo descoberto e descamado, o indivíduo vai acordando, despertando cada vez mais sua consciência. Processo que se dá em níveis e será bem explicado nas próximas páginas.

A grande questão que levanto agora é: *até onde vai o desejo do homem?* Refiro-me nesse momento essencialmente ao desejo de dominar para TER. **O homem diz quem ele é pelo tamanho de seu poder. Por trás desse homem está o medo de tudo perder, torna-se forte quando domina e rouba a energia de todos em volta para se manter.** Distante do amor, ele deixa o medo prevalecer.

No que esse homem contribui efetivamente para a evolução da humanidade e dos que estão ao seu redor? *Cuida de si, de sua família, faz alguma caridade, e só. Pobre desse homem quando tudo virar pó!*

Sem contato com o que realmente somos não há nada que possa nos deixar em equilíbrio. **O *medo da escassez* que impera nesse**

plano nos separa de vez. Esse é o EGO, que precisa se apegar e tem medo de morrer.

Neste livro me proponho a explicar o que é o Ego, que se manifesta basicamente através do medo.

O medo corta nossa conexão com toda a potência energética do Ser. Nos joga fatigados, confusos e presos ao TER.

A sedução, as viagens, o fascínio e o poder são armas vorazes do Ego iludido, que se faz vencedor até o Despertar do Ser.

Ao despertar, o trabalho apenas começa, porque encontrar o Amor e disseminá-lo incomoda toda uma sociedade construída na dor e para a dor. Uma sociedade descrente, imediatista e decadente. **Sociedade que acredita que o mal sempre vence. Armadilha de um Ego coletivo caótico e descendente** (herdado). *O despertar da consciência se dá infinitamente em uma escada que sobe conforme abrimos e limpamos a mente.* Não se pode matar o ego, porque se trata de uma estrutura essencial para a nossa passagem aqui na terceira dimensão/Terra.

O despertar espiritual, da consciência, é o despertar para o Amor. No Amor não há Medo. Nossas crianças hoje são ensinadas a desconfiar, sentem-se inseguras, porque seus pais e educadores projetam suas sombras e medos nelas. É preciso que os adultos olhem para dentro, se conheçam, se conectem com suas essências, identificando e se tornando conscientes das defesas de seus egos, que só trazem separação e ilusão. **Pessoas na defensiva e com medo creem que precisam ensinar as crianças a andarem com medo e, dessa forma, crenças limitantes são instaladas.** Essas crenças estão acabando com o planeta. Por isso o despertar da consciência e do que cada um vem fazer aqui se faz necessário. *As crianças perdem sua conexão com a alma e passam a viver com medo. O amor gera confiança, o medo gera defesas e ataques.*

São tantas falcatruas... mal saímos dos tempos da Inquisição, no qual tudo era dominado pela Igreja, e pulamos para o extremo de não ter fé. A Ciência entrou na base e o homem acreditou que Deus ele é. Agora temos a escolha: do egoísmo nos libertar. Já entendemos que sem fé não dá para ficar. Deixemos então o coração desabrochar, porque ele assim tão fechado, em algum momento, louco ficará!

O que proponho para este livro é seu coração tocar. Usando sua mente inteligente, para sua alma alcançar. A missão é individual, cada ser é único e possui em si sua própria Lei. A cada crença criada, um Universo é construído. A cada escolha, suas devidas consequências. Seu mundo externo nada mais é do que isso, sua própria construção interior. O individual está diretamente ligado ao coletivo, e vice-versa.

É por isso que compartilho minha história, meu processo de despertar, que em cada um, com certeza, também vai se dando, ou se dará. Para limpar nosso vasto inconsciente de conexões que nos bloqueiam e amarram, é preciso acessar registros emocionais de dor, abrindo assim a possibilidade de ressignificá-los. *A carga emocional, a forma como interpretamos nossas vivências, nossos traumas passados. Todos eles habitam no Inconsciente, comandam nossas ações.*

A Ciência, com suas pesquisas importantes, já nos provou que somos governados em média 90% pelo Inconsciente e 10% pela Consciência. Isso é necessário porque não podemos ser 100% conscientes, enlouqueceríamos, nossos aprendizados viram piloto automático, e isso tem um lado saudável. Nossa memória, conforme bem explica a Neurociência, é dividida em três níveis, e tudo fica bem armazenado em nível inconsciente. Muitas memórias nós podemos acessar quando estimulados, e outras não acessamos, porém ficam ativas e nos influenciam.

É nesse ponto que gostaria de entrar e convidar o leitor a refletir e raciocinar. A Ciência hoje, embora admita a continuidade da Consciência após a morte do corpo físico (pelo estudo dos casos de Experiência de Quase Morte – EQM), a ideia da reencarnação ainda não está provada, não foi incluída nos cursos de Psicologia, por exemplo. **Estamos exatamente nesse momento da história, em que o Inconsciente é a ligação entre a Espiritualidade verdadeira e a Ciência.** Vou discorrer sobre essa questão neste livro, porque hoje atendo em consultório com regressão a vidas anteriores, e vejo todos os dias um resultado maravilhoso nos pacientes quando acessam as cargas emocionais de outras vidas, que os estavam prendendo aqui nessa existência sem deixá-los sair do lugar.

Desbravar o Inconsciente salvou minha vida, então hoje, após ter visto os resultados em mim, resolvi complementar à Psicologia, técnicas integrativas, e posso afirmar com total segurança, que a junção da Ciência com a Espiritualidade é o que precisamos para curar pessoas. Estou falando de RESULTADOS. Neste livro, abordarei o que é a Cura e como esta se dá.

Vamos caminhando na ilusão, escolhendo com a razão, caindo nas armadilhas e distorções do ego. Vamos criando sofrimento e dor, por inúmeras existências, até que essa mesma dor, acumulada, sendo multiplicada por nossas próprias escolhas infantis, chega a um limite e nos leva a despertar. Temos a escolha de despertar e aprender pelo Amor, não mais pela Dor.

Então, que nossas escolhas sejam feitas através do sublime e do nobre, não mais olhando para trás, onde éramos crianças espirituais errantes, sem consciência do que fazíamos a nós mesmos. Agora, com o novo olhar, do espírito adulto e desperto, iremos transformar o planeta ao regenerarmos a nós mesmos.

O trabalho é duro, porque todo mundo acha que sabe o que é amar. E o amor nesse plano depende do nível consciencial de cada um. A existência do Ego automaticamente distorce nossa forma de amar. Por isso considero tão importante o trabalho de auxiliar as pessoas ao despertar espiritual, pois, após dado o ponta pé inicial, o processo infinito vai se dando naturalmente. **Uma vez desperta a consciência espiritual, o ser compreende e respeita a realidade de todos os níveis conscienciais, responsabilizando-se por suas ações e reações, auxiliando aos demais que ainda sofrem. Não mais projeta no outro suas sombras, pois passa a ficar atento e consciente cada vez mais da existência delas em si mesmo.** Com essa compreensão, passei a ver de forma diferente a espiritualidade.

Este livro fala sobre minha busca e meu encontro com o verdadeiro amor. O Amor Divino, aquele que não carrega em si as distorções do Ego. Ele demorou a aparecer porque meu Ego me fazia acreditar que já amava, mas só me fazia sofrer. Na verdade, eu escolhia a Dor, e acreditava que era Amor. Era um estágio consciencial muito baixo, desconectado de meu espírito. Essa distorção é natural, e é comum em todos nós.

Conforme os séculos vão se passando, as mentes vão se abrindo e vai ficando facilitado o processo de romper padrões que nos acompanham há várias vidas, que se repetem, repetem e repetem. **Estamos hoje com uma abertura interior maior, uma maior capacidade de acesso e inúmeras técnicas que nos permitem o desbravamento do Inconsciente. Muitos trabalhadores da Luz estão sendo convocados, estão aumentando os números de curadores.**

Como já disse, e vou repetir algumas vezes, a Ciência hoje já admite a continuação da Consciência após a morte do corpo físico. Carregamos gravados em nosso Inconsciente registros emocionais de outras vidas, que podem e devem ser acessados e desbloqueados para que nossa atual encarnação alcance seu real objetivo com plenitude. *A interpretação emocional que demos à inúmeras vivências passadas se encontram ativas em nós e nos jogam inconscientemente em lugares e consequências onde não queremos ou não gostaríamos de estar.*

Aquilo que insistimos em não querer ver se tornará nosso destino, como diria Carl Jung. Passar por essa vida de forma inconsciente é uma escolha, e temos total livre-arbítrio para fazê-la, porém nossas sombras regerão nossos futuros, então uma escolha sábia é olharmos para elas com amor para que o processo de cura e libertação se inicie. Quando escolhemos não olhar para as nossas sombras, levamos conosco muita gente, ao passo que, quando optamos por nos trabalhar e nos curar, curamos também muita gente através de nós. Porque existe um inconsciente coletivo que nos influencia e é influenciado por nós.

Então, podemos escolher entre sermos levados pela corrente evolutiva ou nos tornarmos conscientes de todo o processo e, assim, nos tornamos responsáveis por nosso futuro. **Escolher ser inconsciente é escolher ser irresponsável diante da vida que nós mesmos escolhemos antes de vir.** Receba em seu coração essa informação com o maior amor que você possa captar. O estado de inconsciência é regido por defesas do ego, como o recalque, a repressão e a negação. É preciso identificar onde se situa nosso estado egoico.

Em minha história espiritual, encontrei uma enorme sequência de vidas sofridas, desencarnes precoces, louca, completamente sem norte.

Falar hoje a respeito da loucura, do medo dela, da presença dela em meu campo, não passa de um bem-vindo acerto de contas comigo mesma e com meu espírito. Essa é minha missão aqui. E a de todos nós. Temos um compromisso com a vida e conosco mesmos. E esse compromisso é nossa própria transformação. Porque nada no Universo está parado, tudo se transforma com um único objetivo: EVOLUIR. Esse é nosso maior presente, para nós mesmos e para todo o Universo. Transformação da mente, transformação interior. Sem ela, nada muda ao redor. Saí de um estado de escuridão para ser uma trabalhadora da Luz. Me abri para o novo, mergulhei profundamente, fui além do medo que me dominava.

Quem me conhece sabe que meu grande medo sempre foi perder o controle de meus próprios pensamentos, esse medo se tornou uma síndrome. Era um tormento. Encontrei toda a compreensão (e desligamentos) de que tanto necessitava ao acessar minhas vidas anteriores. Desliguei-me de sintonias passadas e me tornei consciente do que meu espírito veio fazer aqui. **Isso não é maravilhoso? É de querer realmente escrever um livro e espalhar essa notícia por aí! Hoje estou curada e escrevo para que outras pessoas tenham a mesma possibilidade de abertura.**

No início, nos tempos antigos, em outras vidas, em que éramos espíritos ainda mais primitivos do que somos hoje, como quase todo mundo, fiz muitas maldades. Na ignorância, matei pessoas, famílias. Sempre achando que estava certa, e que, por alguma razão, a vingança seria o melhor caminho. Cheguei a enlouquecer famílias inteiras, pela dor da perda cruel. Ainda hoje *todos temos um certo grau de maldade dentro, são as sombras que insistimos em não querer ver*. E, no passado, nossos espíritos tiveram outras personalidades, que, em estágio de consciência ainda mais inferior, se envolveram em situações nas quais suas sombras e maldades foram tão grandes, que até hoje suas consequências estão atuantes no sistema.

Em outras existências, enlouqueci mais pessoas, em vidas nas quais usei mal meu poder. Muitas dessas pessoas se prenderam a mim e começaram a me acompanhar, desencarnadas. O objetivo desses espíritos era a vingança, tentavam me enlouquecer. **Eu não estava consciente desse processo, pois NÃO ACREDITAVA nesse tipo de coisa.** *Como essas influências e conexões se davam em meu mental,* **eu acreditava que era um estado psiquiátrico, pois essas perturbações firmavam um quadro clínico com sintomas preocupantes, diagnosticados como transtorno bipolar e síndrome do pânico.**

Não sei ao certo a "matemática cármica" do Universo, mas sei que em um determinado momento comecei a viver encarnações em que se deu início a um processo de enlouquecimento. **Os carmas pesados na verdade eram, acima de tudo, "chamados da Luz", os quais nunca entendi dessa forma (me sentia vítima), e assim fui me afundando em escolhas que foram me levando em direção ao maior objetivo dos seres que lutam contra a evolução da Luz: nos enlouquecer.**

"Basta não ativar o coração, e se manter mental demais, que a loucura se aproxima, e eu a deixo pensar que está indo pelo coração, quando bem entendo vou lá e fecho a chave, tranco-a dentro do intelecto e ela se perde do caminho (risadas), eu a acompanho há séculos! Sempre faço isso! (risadas)", essas palavras foram ditas em uma mesa de desobsessão por um espírito que me acompanhava.

Em uma determinada encarnação perdi todos os meus bens materiais e enlouqueci. Era um carma (um convite para retornar à homeostase/equilíbrio), mas eu não sabia, ainda estava na ignorância. Minha família roubou meus bens, e como eu já era uma senhora, fui internada em um hospício e acabei enlouquecendo de raiva. *Ali, ficou uma forte sintonia de raiva e loucura em meu inconsciente. Uma vez vindo para a minha consciência através de regressão e leitura de aura, pude me sentir bem melhor. E assim fui me transformando.*

Na encarnação seguinte vim muito raivosa (foi o estado de magnetismo em que me encontrava quando desencarnei na vida anterior) e com uma mediunidade muito forte para uma época em que a maioria não sabia como lidar com isso. Comecei a usar entorpecentes e enlouqueci **(o que é muito comum acontecer com médiuns não conscientes de sua mediunidade, acabam se desequilibrando e usando drogas como fuga).**

Depois dessa encarnação, vim com um transtorno psiquiátrico desde o nascimento.

Meu último desencarne foi em 1970, na ditadura aqui no Brasil. A estrutura familiar era muito semelhante à minha família de hoje. Era uma época de muita ideologia, e me envolvi com a revolta e as drogas. Acabei sendo internada à revelia, e cometi suicídio dentro da clínica. *Por ter sido minha última encarnação, trouxe de lá a ideação suicida, muita revolta e aversão à hipocrisia.*

Em uma outra regressão, meu mentor espiritual me levou até meus 15 anos dessa encarnação atual, em 1997, em que tentei suicídio. Ali **me vi deitada no leito do hospital e consegui acessar tudo o que aconteceu enquanto eu passava pelos procedimentos hospitalares, enquanto ainda estava completamente inconsciente.** Ele me desligou da tristeza e da ideação suicida, aproveitou para fazer desligamentos maiores ligados à tendência à culpa, à mágoa e ao medo.

Essa sequência de registros emocionais de épocas distintas mostram como passamos muitas vidas repetindo padrões, criando teias cármicas, das quais depois levamos tantas outras vidas para sair.

Este livro vai um pouco além do convencional, porque é necessário sairmos desse estado. Estamos em um momento propício para um despertar, tanto individual quanto coletivo. Um momento em que nossos DNA's estão sendo modificados, limpezas, realinhamentos energéticos e novos códigos estão sendo acessados. Estruturas ancestrais estão sendo tocadas, o planeta está fechando um ciclo natural. Estamos imersos nele, passando por ele. Acabamos de entrar. Dentro de nós essa transformação acontece sem que tenhamos controle, e se dá essencialmente por uma maior abertura da consciência. Processo que naturalmente faz com que emerjam nossas sombras inconscientes, são velhos padrões subindo para que a Luz e os novos padrões possam se instalar. As pessoas sentem sintomas desagradáveis e buscam explicações médicas e psiquiátricas, quando na realidade obter conhecimento é o que lhes falta para passar com mais consciência e tranquilidade por esse período.

Qualquer religião ou linha espiritualista irá dizer que estão se cumprindo as profecias. E estão mesmo. Mas não é para causar medo nem pânico. É um momento previsível, no qual o que era um mistério se faz realidade presente. Onde tudo o que se construiu com o suor do Ter está ruindo. **Tudo o que o homem deseja só para ele certamente maltratará o Todo. Isso tomou uma proporção alarmante. Mas já estava previsto. Portanto, não há que ter desespero. Há, sim, que se olhar para dentro. Chegou a hora da fraternidade. Não importa onde, mas é preciso descortinar, abrir-se, conectar a mente ao coração. É urgente!**

Por meio de tudo o que vou colocar aqui, espero contribuir com minha capacidade de racionalizar um conteúdo que é tão subjetivo, mas que certamente merece ser compartilhado para que todos os que leiam compreendam de que tamanho nós somos, a quantidade de riqueza que cada um de nós carrega sem saber. E principalmente nosso poder de transformação.

Irei relatar os pontos altos do início de minha atual encarnação, para que o leitor compreenda posteriormente como foi se dando meu despertar. Consegui escutar meu "chamado" através da dor, mas, para isso, **precisei utilizar algumas ferramentas holísticas**

e integrativas de tantas que existem, as quais serão descritas na segunda parte do livro. **Na terceira parte se encontrarão textos, que foram meus primeiros momentos de conexão profunda com meu Eu Superior e inspirações dos amigos espirituais.**

Quando me refiro ao Eu Superior, me refiro ao nosso corpo mental superior, no qual não há a interferência do Ego, é um corpo sutil sem marcas profundas, que não pode ser danificado. É Deus em nós, é a fonte de nossa Cura. Quando nos limpamos e equilibramos, podemos acessá-lo. A questão é que desconhecemos essa realidade e, enquanto vivemos na ilusão do ego, nos mantemos acreditando que só existe o corpo físico, ou não vamos a fundo para descobrir. Assim, **por desconhecimento (ignorância) de nosso próprio poder, projetamos Deus fora de nós, e a Cura está dentro, em nosso corpo mental superior, consciência divina em nós.**

Carregamos dentro de nós tudo o que acontece no Universo. E chegou a hora de tomarmos consciência disso, não para que dominemos o mundo, mas para voltarmos a ser o que somos de verdade, e não esse monte de gente encarnada passando por cima uns dos outros para conseguir alcançar somente metas materiais e individuais. Somos seres singulares, porém não somos individuais, estamos todos ligados e conectados a uma consciência maior, precisamos tomar consciência disso para que haja real transformação do Todo.

É hora de equilibrar o Planeta, e o faremos ao equilibrarmos a nós mesmos. Nós, adultos, precisamos parar de projetar nossas sombras nas crianças. Mãos à obra, vamos trabalhar para eliminar as crenças limitantes injetadas em nosso grande inconsciente individual e coletivo!

Introdução

Passei os primeiros 30 anos de minha vida me perguntando quem eu era de verdade. Tentava entender, buscava muito. Hoje, depois de tantas experiências, despertei a essência de luz que já existia em mim, e que existe em todos nós, eu apenas não estava consciente disso.

Enquanto estava inconsciente de minha responsabilidade, inconsciente de que sou eu quem cria meu mundo, o distanciamento, *o descomprometimento com a realidade me fazia atrair pessoas e situações que me levavam ao sofrimento*. Porque **quem não sabe que é luz, atrai para si a escuridão.**

Estamos todos aqui em uma caminhada espiritual, energética, vibracional. Um caminho que se dá de forma evolutiva. Ou você evolui, ou fica estagnado na ilusão. O que acontece em nosso mundo vai de acordo com o **nível de consciência** de cada um (e isso vou repetir algumas vezes por seu grau de importância). **O despertar se trata de se tornar consciente de que tudo o que aconteceu e acontece com você foi, e é, resultado do quão consciente ou inconsciente/reativo você estava ou está.** O termômetro é sua capacidade de estar presente, conectado e harmonizado com o amor de Deus, que já está dentro, sem que sejam necessários artifícios nem qualquer tipo de fuga. Acessar o estado natural de seu Ser. O estado de presença te faz consciente, ele é a chave do processo cármico (Ação – Lei de causa e efeito, escolhas e consequências).

Uma vez que comecemos a limpar sintonias negativas do Inconsciente, através do acesso ao corpo emocional (traumas e registros emocionais paralisantes), vamos adquirindo a capacidade de nos manter no momento presente, e vamos ampliando o tempo

que conseguimos ficar nesse estado, principalmente com a prática da Meditação.

Quando conseguimos limpar os bloqueios, vamos perdendo as reações emocionais, *vamos nos conectando ao Agora com mais facilidade, perdendo a pressa, saindo do estado de desconexão.* Vamos deixando de nos preocupar tanto com o futuro e nos libertando do que nos prende ao passado. Passando a fluir mais espontaneamente pela existência. E isso é felicidade, um estado de plenitude no momento presente. Haja o que houver, mantenha-se conectado a si mesmo, no momento presente, uma forma prática de fazê-lo é se concentrar na Respiração.

Se tudo o que você tem for tirado de você, o que fica é quem você é. E, se o que ficar for desespero e loucura, é porque há necessidade de encontrar sua essência, que certamente não é isso, mas está identificada com tudo isso (matéria). A essência de todos nós é luz. O restante é ilusão de um Ego doente. Hoje temos um fácil acesso ao processo de libertação do sofrimento. E aqui vou compartilhar o que funcionou para mim.

Tenho certeza de que todos os que leem esta obra também possuem muitas histórias, que provavelmente dariam um livro. Olhar com Amor para nós mesmos envolve compreendermos quem somos e o que viemos fazer aqui.

Principalmente olhar para os nossos pais e para a nossa infância. Olhar com Amor, porque lá estão as respostas. **Toda vida é continuação de vidas anteriores. Nós escolhemos nossa infância, no período de intervidas, para conseguirmos dar continuidade ao trabalho espiritual iniciado nas anteriores.**

Tudo é calculado para a nossa evolução individual e consequentemente do Todo, até nossa forma física foi escolhida para nos facilitar a atingirmos o propósito da alma.

O planeta Terra é um local de aprendizado, onde, uma vez mergulhados na matéria densa com aspecto físico, conseguimos ter acesso a um estado de ilusão, dentro de um sistema complexo, que se torna viável por carregarmos dentro de nós uma entidade chamada Ego. Com ele vamos acreditando no que vamos vendo, vamos desejando e rejeitando, gostando e não gostando, vamos nos apegando a pessoas, experiências, vamos acreditando na ilusão de que somos mais especiais do que os outros e que fazemos tudo melhor do que os outros. Esse não é o objetivo de se ter um Ego. O objetivo é justamente aprendermos a equilibrar os impulsos que vêm dele com a potência criativa e consciência divina que há em nós.

Nossos egos nessa estrutura física não podem morrer por terem papel essencial para o nosso aprendizado e sobrevivência, mas precisam se equilibrar dentro desse sistema complexo de outros corpos que não são físicos. Para simplificar esse tema, sobre o qual não é meu objetivo discorrer, vou colocar apenas cinco corpos, do denso ao mais sutil: físico, etérico, perispiritual, mental inferior e mental superior.

O corpo etérico (duplo etérico ou etéreo) é uma cópia do físico no astral, ele se decompõe umas horas após a morte do corpo físico. O perispírito é nosso corpo fluídico/energético (no qual encontramos os chacras/centros de energia), que vai continuar conosco após o desencarne (estando ou não em bom estado, e quando não está em bom estado receberá tratamento no plano espiritual até que se recomponha para estar habilitado aos aprendizados que ocorrem no período intervidas) e, junto com o mental inferior, guardam-se registros das vidas anteriores e outras conexões com outros seres e energias.

A partir do corpo mental superior não é preciso falar aqui, porque são corpos ainda mais sutis, que não adoecem, não possuem alterações, eles auxiliam no processo de cura. As distorções do ego afetam do mental inferior para baixo, ou seja, até chegar ao corpo físico, que é o mais denso. Aqui então estamos abordando os quatro corpos que mais nos importam, ou seja: primeiro adoecemos no mental inferior, que é o mais sutil que vai passando para os mais densos, até chegar ao físico. **O mental superior e os outros mais sutis são a fonte de toda Cura e, para acessá-los, é preciso limpeza e equilíbrio dos anteriores.**

Em nível coletivo, o ego mal direcionado é altamente destrutivo para a sociedade. O que pode ocorrer nesse caso é que egos dominadores vão criando um sistema semelhante ao de "lavagem cerebral", e todos os que estão em estados egoicos de inconsciência e sofrimento, vulneráveis, acabam por entrar em estado de alienação. Essa base é formada pelos indivíduos governados pela densidade, ligados somente à matéria, ignoram as leis divinas que regem o Universo, e, na ilusão provocada pelo ego desgovernado, tudo vale para se ter poder.

O medo e a culpa são instalados, na maioria, por se desconhecer a realidade energética e espiritual, e se deixa dominar porque está também em estado egoico, vulnerável e a sofrer. **Criam-se sistemas de crenças que se estendem em nível coletivo, baseados no medo e no domínio, e assim está formada uma sociedade inteira que acredita realmente em dogmas e em uma realidade limitante.**

Voltando à história de que precisamos compreender quem somos... nossa infância atual foi escolhida por nós antes de virmos, porque traria todo o necessário para darmos continuidade à nossa caminhada evolutiva iniciada anteriormente. **Quando compreendemos nossa missão, sentimos alegria e entusiasmo em tudo o que fazemos, esse é um grande sinal de que estamos conectados à nossa alma, ao nosso espírito, ao nosso Eu Superior, podemos chamar como quisermos. E passamos, assim, a dar valor a cada pessoa, grupo ou situação que nos aparece. Nossa consciência e conexão com o Ser, nos deixam despertos, atentos ao Agora, que é o que define nossa história.** Passamos a viver com plenitude, compreendendo que, se morrermos hoje, já estaríamos definindo como seria nossa próxima infância, nossa próxima vida. Nosso **nível de Cons ciência** (e estado vibracional) definirá automaticamente isso.

Hoje sei que dependemos uns dos outros pela conexão em rede que somos. E para que haja evolução do Planeta é preciso que todos despertem individualmente. Espero poder contribuir com este livro. Vamos lá!

PARTE 1

A VIDA COMO ELA FOI

"Sou criadora, criatura
Centelha Divina
Trago em mim toda a Cura
Andava cega, sobrecarregada
Com a aura escura
Doída, com a mente confusa
Me via na guerra, com força para a luta
A luta exaustiva do Ego
À beira da loucura." (Daphine Grimaud – 2015)

Capítulo 1

A Religião e a Crise

Até meus 17 anos, fui extremamente dedicada à religião na qual fui criada. O mundo dos meus pais meus pais era meu mundo, afinal, não conhecia outro. Muitas regras, muitas atividades religiosas, muita união e cooperação entre irmãos de fé. É uma religião bastante fechada, que não incentiva o envolvimento com quem é "do mundo", ou seja, de fora da religião.

Aos 15 anos, me apaixonei pela primeira vez por um menino da escola, mas tive uma decepção profunda. Fui obrigada a não poder externalizar minhas emoções porque envolviam questões familiares e religiosas. O resultado foi uma grande e forte crise de psoríase (doença autoimune que se manifesta na pele). Meu corpo ficou completamente tomado por excesso de pele, feridas e cascas, do dedinho do pé ao couro cabeludo.

Ainda com muitas marcas no corpo, em uma fase em que minhas amigas e irmã eram lindas, me sentia um monstro, tendo de me cobrir dos pés à cabeça, em pleno sol de 40 graus no Rio de Janeiro. Nesse momento me apaixonei por um amigo de meu pai, mais velho, era da religião e estava se divorciando. Ele dizia que, mesmo estando daquela forma, eu era a mais inteligente de todas as meninas, e assim fui me envolvendo. Nós nos relacionamos por sete meses escondido, até ele me dizer que nunca poderia assumir nossa relação. Tentei suicídio com overdose de medicação tarja preta de minha mãe.

Ao sair do hospital, meus pais **me levaram para *o mesmo* psiquiatra de minha mãe**, iniciei um tratamento para depressão e ansiedade, com antidepressivo e ansiolítico.

Nessa época, uma amiga minha, que era de outra cidade, do Sul do Brasil, estava namorando um rapaz de lá, também da religião, e um dia o melhor amigo dele viu uma foto minha e se apaixonou por meu sorriso. Naquela época não tínhamos internet ainda, nem celular. Então, ela deu meu telefone residencial para ele, e começamos a nos falar pelo telefone. Escrevíamos poesias, poemas e líamos um para o outro. Nós nos apaixonamos antes de nos conhecermos pessoalmente. Quando nos conhecemos, começamos a namorar e ficamos juntos por um ano e três meses. Ele tinha 27, eu 17. Como éramos religiosos, não podíamos transar antes do casamento, então planejávamos nos casar quando eu completasse 18 anos.

O casamento de meus pais começou a ruir, estavam em crise, sempre brigavam muito. Meu pai conheceu outra mulher e se apaixonou. Minha mãe ficou muito mal e começamos a viver uma guerra familiar. **Essa guerra durou 15 longos anos.** Naquele momento, tudo mudou na vida de todos nós. Diria com todo o conhecimento espiritual que tenho hoje, que *essa época foi o momento no qual tudo serviu como um gatilho para fazer aflorar os padrões de outras vidas que vim continuar a trabalhar aqui. Uma ativação cármica.* Ou seja, na linguagem reencarnacionista, nesse momento do divórcio dos meus pais apareceu com muita clareza aquela mesma personalidade atuante em minha última encarnação.

Em minha última encarnação fui uma menina com o mesmo estilo dessa atual encarnação... exatamente igual... tinha pais muito parecidos com os meus de hoje... mesma estrutura familiar. Eles não falavam de suas questões, eram infelizes no casamento e eu era muito revoltada com isso, usava drogas como fuga e me envolvia com ideologias políticas e sociais como forma de encontrar um sentido para o meu caos interno. Até que eles resolveram me internar, e eu gritava enquanto os enfermeiros me seguravam à força, dizia: *"Vocês são hipócritas! Todos hipócritas, porque a louca aqui não sou eu!!! Vocês mentem para si mesmos e fingem que o problema está em mim!!! Hipócritas!!!".* E me matei na clínica com um lençol pendurado no pescoço.

Então, voltando para minha encarnação atual, nessa época do divórcio de meus pais, **comecei a questionar o casamento (como estrutura e instituição). A duvidar dos homens. E tudo foi acontecendo para que eu mudasse radicalmente.** Foi tudo aos extremos, meu pai já não era mais o mesmo. Minha mãe não aguentou e entrou em surto psicótico. Ela já vinha apresentando comportamentos muito alterados, ficava bêbada constantemente, tinha crises de ciúmes constantes, misturava remédios. Mas minha mãe já veio com uma estrutura psicótica para essa vida. Ela é médium ostensiva e de efeitos físicos, só que nunca se deu conta disso. Já havia surtado antes desse episódio, inclusive, quando nasci, ela não conseguiu me pegar no colo nem me amamentar, quem o fez foi meu pai, que me alimentava com fortes mamadeiras verdes-escuras. Naquela época, minha mãe chegou a colocar fogo na casa e teve de ser internada. Ela veio para essa encarnação com estrutura psicótica por questões cármicas de vidas anteriores. Mais à frente acessei algumas vidas em que estivemos juntas.

Então, naquele momento, depois de 21 anos de casamento, meu pai já vinha se escondendo atrás do trabalho e nos momentos de lazer sempre jogava tênis ou tocava guitarra. Ele tinha um alto posto dentro da religião há 11 anos. Estava se encolhendo, certamente não estava feliz e escolheu se separar. Mas ele não soube como fazer. Nem todo mundo sabe agir de forma equilibrada em uma situação como essa.

Ninguém esperava o divórcio, porque é aquela realidade falsa que a religião ortodoxa geralmente segura, porque "o matrimônio é sagrado" e o "adultério é proibido". Mas não segurou. Vi minha mãe surtar na minha frente. Tudo parecia ir por água abaixo.

Foi uma quebra enorme, porque nossa casa e família eram referências dentro da religião e irmãos de fé. Para dizer a verdade, não tínhamos outra vida, nossa vida era a religião.

Por razões pessoais, minha irmã pediu para sair da religião, e meu pai foi expulso. Os dois foram anunciados na reunião pública na mesma noite. Fui com minha mãe assistir à expulsão dos dois. Fiquei muito abalada e confusa. Era toda uma estrutura se fragmentando.

Comecei a me revoltar.

Na escola me aproximei de uma menina que se vestia como *skatista* americanizada, masculinizada e tocava bateria em uma banda só de mulheres. Todos começaram a dizer que éramos lésbicas. As brincadeiras na escola estavam me incomodando e, dentro de mim, a tristeza profunda virou raiva, e explodi. Fui expulsa da escola porque bati em duas meninas e causei muito transtorno ao reagir. Depois tive de pedir desculpas para todos, em público, para não perder o ano letivo, essa foi a única forma que o diretor encontrou para não me expulsar. Todos aceitaram minhas desculpas e acabamos amigos. Comecei a sair da escola todos os dias com ela, que era mais velha e tinha carro. Comecei a fumar escondido e a tocar bateria, o que foi fácil, porque meu pai é músico e já havia me ensinado o básico. Eu e ele sempre tocávamos juntos.

Um dia ela me contou que estava namorando uma amiga nossa da escola, de nosso grupinho de amigas. Acabei ficando com ciúmes e **me dei conta de que estava apaixonada por ela. Reagi de forma preconceituosa comigo mesma, por não saber lidar com meus**

sentimentos e por ter em minha mente o registro da religião que condenava o homossexualismo.

Minha mãe, internada em casa, com suporte de enfermeiros, meu pai com outra mulher, expulso da religião, eu apaixonada por uma menina e meu namorado do Sul me pedindo em casamento.

Não sabia mais nada. Resolvi viver aquela paixão com ela, que disse também estar apaixonada por mim. Terminou seu namoro e me senti muito culpada. Fui até a cidade de meu namorado para ver o que sentia por ele e terminar pessoalmente. Pedi que a gente tivesse nossa primeira relação sexual naquele momento, antes do casamento, porque *precisava saber se gostava de homens.* Não disse isso para ele, embora ele tenha encontrado uma carta de amor dela para mim dentro de minha carteira (assim o fez porque estava observando minhas mudanças na forma de falar e vestir). Inventei um monte de desculpas, não conseguia me abrir para ele naquele momento. **Me fechei. Ele já havia demonstrado radicalismo religioso em muitos momentos, jamais me compreenderia.**

Ele me fez prometer que então casaríamos. Prometi. Foi assim minha primeira relação sexual, em pé na cozinha, escondidos. Foi ruim, me machucou muito, então *concluí que não gostava de homens.* Voltei para o Rio de Janeiro e minha namorada já estava lá me esperando no aeroporto. Ficamos juntas por dois anos, dois intensos e confusos anos.

Pintei o cabelo de roxo, entrei para uma banda feminina de *punk rock***, fumava e bebia muito. Frequentava festas e churrascos, comecei a frequentar raves e experimentar outras drogas.**

A família de minha mãe, que estava entrando com um processo de pensão alimentícia contra o meu pai, alegava que, por conta do estado mental dela, ele deveria dar além do que podia, e **me incluiu no processo como se eu tivesse o mesmo transtorno psiquiátrico que ela.** Eu tinha 17 anos e me sentia "perdida", eles me incluíram nesse laudo sem perceber as consequências que isso poderia acarretar em minha vida. Meu pai me mostrou que eles estavam fazendo isso para conseguir que ele pagasse a pensão. Ele prometeu para mim que nunca me faltaria nada, e então, com o auxílio do advogado dele, retirei meu nome do processo, e realmente nunca me faltou absolutamente nada. Meu pai me ajudou financeiramente, sempre que era preciso, até depois de eu me formar na faculdade.

Aquela situação **estava despertando em mim o "lado negro da força".** Minha mãe em surto e a família dela me colocando como doente mental. Eu me mudei para a casa de minha namorada e ali iniciei meu processo de fuga daquela realidade, em busca de minha verdade. Eu não me identificava com aquilo. Bebia e fazia minhas aventuras, para esquecer a falta de propósito daquela existência.

Minha relação homossexual foi passional demais. Confusa demais. Estava fugindo de mim, tentando me encontrar em algum outro lugar que não fosse o mesmo que o de meus pais e das famílias deles. **Comecei a ter crises de medo toda vez que fumava maconha. Era medo da loucura de verdade, parecia que eu perdia o controle de meus pensamentos.**

Tentei continuar na religião por causa de minha culpa por me considerar no mundo do "Diabo". Mas não consegui me manter lá e fui expulsa publicamente também. Nem meus amigos de infância podiam falar comigo, porque são as regras da religião. Quando alguém se batiza e depois não segue as regras, é expulso publicamente e ninguém mais fala com essa pessoa. Fiquei ainda mais revoltada pela forma que fizeram. Investigaram minha vida, e quem contou que eu estava namorando uma mulher foi minha mãe. Ela foi a única que se manteve na religião e está lá até hoje, e nutre o desejo profundo de que eu e minha irmã voltemos.

Foi uma época em que minha energia e intensidade foram canalizadas para a revolta. E assim é, conforme vamos vivendo e fazendo escolhas, vamos atraindo pessoas e situações que são na realidade "gatilhos", que despertam aquilo que está escondido em nível inconsciente dentro de nós, que viemos para trabalhar e superar, com o objetivo de evoluir, transcender.

Estava fazendo um curso para prestar vestibular. Passei para Pedagogia em uma faculdade particular, queria revolucionar a educação, abrir uma escola diferenciada onde se pudesse fazer aflorar os talentos dos alunos. Mas, conforme fui conversando com os professores, fui percebendo o tamanho da burocracia e estado doentio de nosso país em relação à educação, e desisti do curso. Pedi transferência para Comunicação Social, porque escrevia muito bem e poderia ser, quem sabe, uma boa jornalista.

Ainda namorando uma mulher, **me perdi em questionamentos da vida, do futuro e da morte. Queria ser livre, mas me sentia presa dentro de mim mesma.** Meu pai foi procurar o pai de minha namorada e escutei a conversa escondida, ele disse que eu e ela estávamos *doentes*. Ele não falava comigo direito. Minha irmã parou de falar comigo por um tempo também. Porém, ela foi fazer intercâmbio no

Canadá, abriu a mente e voltou a falar comigo. Fui passar um mês com ela em Vancouver, o que fortaleceu nossa relação.

Bebia todos os dias, trocava o dia pela noite, minha relação homossexual era conturbada, porque nós duas éramos bonitas e os homens também queriam ficar com a gente. Eu não sabia se gostava de meninos ou meninas, ela me pedia em casamento, era apaixonada por mim, mas eu não sabia mesmo o que fazer. Estávamos juntas, em uma relação que era o retrato de nós duas: confusas, "adolescentes rebeldes", com pais difíceis. A mãe dela havia tentado suicídio cinco vezes e o pai era ausente. Era complicado.

Na faculdade, me relacionava com os maconheiros. A maconha não me fazia bem. Eu acreditava que minhas crises de medo viessem da maconha, porque apareciam justamente quando eu fumava. Mas nem sempre. Quase sempre. Precisava estar naquele mundo, precisava me entorpecer o máximo que pudesse.

Cheirei cola até em vidro de shampoo, levava para qualquer lugar. Benzina, lança perfume. Cocaína usei algumas vezes, mas não me perdi, algo me freou.

Meu pai viu que eu não estava bem. E quando percebeu que eu estava ficando magra demais, pediu em forma de ordem que eu fosse morar com ele. Na verdade, minha relação com meu pai sempre foi de amizade, temos uma enorme admiração um pelo outro.

Eu estava dando shows com minha banda, ensaiando bastante, na verdade essa era minha prioridade. Já participávamos de grandes concursos, aparecemos na MTV e na revista *Época* como bandas de garagem que cantavam músicas originais em inglês e português.

Meu relacionamento não estava indo bem e comecei a parar de comer. **Estava com anorexia nervosa. Com crises constantes de choro.** Já não tomava mais remédios. Meu pai me levou ao médico e iniciei um tratamento para anorexia, isso abriu meu apetite aos poucos, e meu relacionamento terminou.

Comecei a conhecer meninos que se interessavam por mim, e namorei alguns. Mas realmente não estava bem na faculdade. Pedi transferência para Psicologia. Talvez ali pudesse me encontrar, ou surtar de vez. Àquela altura, **eu já estava acreditando, e morrendo de medo, de acabar como minha mãe. Queria compreender o que acontecia dentro dela, mas ao mesmo tempo tinha pavor de ficar como ela.** Comecei a realmente acreditar que um dia iria surtar. Mas como ainda fumava maconha de vez em quando, achava que minhas crises de medo eram resultado de *badtrip*.

Capítulo 2

A Fuga Geográfica se Inicia

Minha amiga de outra cidade, que me apresentou ao meu primeiro namorado, agora estava expulsa da religião também. Havia se separado do marido e me convidou para ir morar com ela no Sul.

Meu pai gostou da ideia, apenas precisei transferir a faculdade e arranjar um trabalho. Ele foi conhecer e me deu todo o suporte. Eu estava trabalhando com ele na empresa dele e assim fui me mantendo perto dele. Quando me mudei, ele me ajudou em tudo. Pagava minha terapia e comecei a ir ao psiquiatra.

Inicialmente fiquei muito sozinha, foi difícil me enturmar, porque morava longe da faculdade. **Comecei a comer compulsivamente e desenvolvi bulimia.** Por isso procurei tratamento. Estava escrava dos vômitos e rodízios de pizza. Estava ficando extremamente dopada com os remédios e altas dosagens. Não demorou muito e fui parando de tomar. Hoje sei que a anorexia e a bulimia têm como raiz questões ligadas ao feminino, à mãe.

Depois de algum tempo, me mudei para um prédio de estudantes e comecei a ter vida social. Estudava muito, porque me identifiquei com o curso de Psicologia. Me apaixonei pela mente, amei Freud, estava muito dedicada, tirava ótimas notas e tive um excelente aproveitamento.

Gostava de frequentar festas, raves, era abusiva. Tinha agora muitos amigos. Gostava disso, muitas brincadeiras sem limite, bêbados na direção, farras. E *uma mente sempre selvagem ocupada com imediatismos, me dava a falsa sensação de liberdade.* Porém, sempre muito inteligente e com boa produtividade nos estudos.

Conheci um homem de 40 anos, "maconheiro", e comecei a namorar com ele. Relação que durou dois anos. Moramos juntos. Ele me ajudou a parar com tanta festa desregrada. Mas era uma relação agressiva e tóxica. Ele raivoso e eu também. Comecei a fazer cursos de especialização em dependência química, e comecei a me incomodar com a dependência que ele tinha pela maconha. Reparava cada aspecto da dependência dele. Comecei a perceber que aquela relação não era mais para mim e sofria sem saber como sair. Estava completamente codependente dele. Me sentia presa àquela relação de duas pessoas doentes.

Iniciei meus estágios da faculdade e me identifiquei com o atendimento hospitalar. Comecei a entrar em contato com óbitos e casos graves.

Perdi um paciente e ele chegou a fazer contato comigo após a morte, mas eu não sabia o que era isso, morria de medo, e **as crises de medo começaram a aparecer, mesmo sem fumar maconha.** Concluí o curso, e me formei muito bem. Meu trabalho de conclusão foi sobre "A visão da Morte dentro da Cultura Ocidental". Queria compreender porque tememos tanto a morte, se em tantas culturas ela é tão bem-vinda quanto a vida. Também queria me sentir confortável com o fim da vida, mas, ao contrário, me angustiava pensar nisso. Busquei religiões, fiz muitas pesquisas. Mas nada me trouxe conforto, nada chegava a tocar meu coração. Dessa forma, a Ciência era minha base, me tornei cética.

Terminei a faculdade e pedi de presente para a família de minha mãe um intercâmbio para o Canadá, já que minha irmã tinha ganhado um.

No terceiro mês em Toronto, terminei meu namoro pelo telefone, pois me apaixonei por outro rapaz. Me vi "livre", sem rumo, minha única meta era aprender inglês. Conheci inúmeras pessoas de diferentes culturas. Minha melhor amiga era japonesa e meu melhor amigo eslovaco. Foi incrível. Em pouco tempo me vi em festas, bebedeiras, era popular. Comecei a trabalhar em restaurantes, bares, limpeza geral, cuidadora de idosos, e fui ficando. Logo consegui passar em uma entrevista para um curso intensivo de Gestalt Terapia, uma abordagem dentro da Psicologia que visa trazer o paciente para o "Aqui e Agora", para o momento presente. Quando estudei a teoria, reconheci na hora como sendo a solução para todos os problemas de qualquer ser humano. Mas meu coração ainda não havia sido tocado, eu era intelectual demais para isso, certamente me faltava o toque sutil da espiritualidade, estava cega para isso porque associava espiritualidade à religião e, consequentemente, à fraqueza. Sempre dizia que religião era coisa para fracos. Mas essa abordagem chamada Gestalt me fez vibrar, porque ela busca, através de técnicas, trazer o paciente para o "aqui e agora", ou seja, responsabilizando-o 100% por tudo o que acontece na vida dele. E sempre me identifiquei com isso, mesmo não conseguindo exercer minha liberdade com responsabilidade.

Esse curso foi maravilhoso, fiz muitos amigos mais velhos e canadenses. A essa altura o inverno estava entrando, e eu vivia de festas e mais festas, trabalhos, estudos e festas. O frio entrou com tudo no inverno, e tudo mudou com tanta neve, chegou a ser enlouquecedor. Já que loucura era um fantasma sempre tão presente em mim, meus pensamentos estavam desgovernados, eu estava em um relacionamento com um rapaz pelo qual estava apaixonada e me fazia muito bem. Mas eu não estava bem, era muito álcool e muita festa para ter algo sério com alguém.

Certa noite fiquei tão bêbada, depois do trabalho, sozinha, fui andando para casa, com sensação térmica de -30°C. Um homem qualquer na rua me ofereceu carona e aceitei. Quando me dei conta, ele estava me sequestrando e não obedecia às instruções que eu dava para chegar à minha casa. Então me joguei na neve com o carro em movimento.

Naquele momento, decidi voltar para o Brasil.

Chegando ao Brasil, logo fui assaltada a mão armada, me levaram tudo. O dinheiro da terapia do mês, dois celulares, todos os meus documentos. Fiquei muito raivosa e questionava o sistema com muita revolta.

Capítulo 3

Em Busca de um Diagnóstico

Certa noite tive uma crise de agressividade dentro de uma boate ao ver meninos vendendo trouxas de maconha para os clientes. Um deles veio até mim para tentar vender. Reagi com agressividade verbal e fui expulsa de lá com bastante agressividade física. Briguei com minhas amigas e naquela noite dormi nas escadas de um prédio, porque não quis dormir na casa de minha amiga.

Decidi procurar o **psiquiatra de minha mãe**, porque as crises de medo também estavam reaparecendo. Ele me diagnosticou como bipolar. Fui a outro psiquiatra que também me diagnosticou de bipolar. Resolvi iniciar o tratamento para bipolaridade, para ver se me sentiria mais equilibrada. Ao falar sobre isso hoje, sinto um tom irônico dentro de mim, porque muita gente tem sido diagnosticada como bipolar, sendo que, pela visão espiritual, estamos em um mundo onde a base está justamente nos polos opostos, onde tudo carrega em si seu oposto, um mundo dual, feito assim exatamente para que tenhamos a oportunidade de aprender a equilibrar todas as partes. **Entrar no mundo dos rótulos é uma escolha para aqueles que ainda não encontraram dentro de si a chave de retorno ao ponto de equilíbrio.** Existe um mundo inteiro por trás de um rótulo. Muita coisa oculta no inconsciente.

Mas me entendam bem, é claro que sou a favor de administrar medicações que estabilizem pacientes em casos graves. Não sou contra diagnósticos, até porque eles facilitam a direção do tratamento. **Quando não se tem clara a visão espiritual, ficamos completamente entregues aos nossos conflitos inconscientes e nos apegamos ao "estica e puxa" mental. Acreditamos que somos doentes sem cura.** O perigo de não conhecer a versão espiritual das doenças é se manter preso ao ego. **O ideal é que ciência e espiritualidade dialoguem diante de casos graves.** E nesse momento de minha vida eu ainda não tinha abertura para a realidade espiritual, porque associava à religião e tinha um verdadeiro pavor e raiva de fanatismo, misturava tudo em minha mente. Ou seja, meu ego estava identificado com a loucura e minha consciência espiritual se mantinha em estado de dormência. Me restava então encontrar nos tratamentos psiquiátricos minha base.

Pois bem, parei de beber, porque estava muito medicada. Me inscrevi em um concurso público. Comecei a fazer um curso para prestar essa prova com mais segurança.

Nesse período de estudos, resolvi aceitar o convite de um amigo para jantar e sair para dançar em uma boate, e lá conheci um australiano, ficamos juntos o restante da semana, ele retornou para a Austrália e iniciamos uma intensa relação a distância. Ele me convidou a ir para lá conhecer a vida dele. Precisava fazer a prova. Passei na primeira fase do concurso; caso eu passasse na segunda, não iria para a Austrália.

Não passei e agendamos a viagem. Nós nos falávamos todos os dias, tanto por *e-mail* quanto por telefone. Estava tudo certo. Ele era aparentemente um bom partido, médico-cirurgião.

Chegando à Austrália, não durou nem uma semana, pois bebemos muito e ele teve uma crise enorme de ciúmes e quase me bateu. Resolvi antecipar e voltei para o Brasil escondida, sem comunicar à minha família. Fui passar o réveillon na casa de meu melhor amigo e sua família no Sul do Brasil. Muita festa, bebedeira e em muitos momentos pensei em suicídio, mas evitava pensar e bebia. Estava ainda tomando medicações em alta dosagem.

Voltando ao Rio de Janeiro, iniciei um curso de Psicologia Hospitalar, na Santa Casa da Misericórdia. E logo já era Carnaval. Uns amigos vieram para a minha casa e fizemos muita festa, muita bebedeira. Quando o Carnaval acabou, eu só pensava em suicídio. Fiquei com um vazio enorme. Porém, conheci nessas festas um cara que se apaixonou por mim e, de tanto ele insistir, começamos a namorar, porque ele era superatencioso, e vinha até mim quando eu precisava. Era uma relação de completa **dependência emocional e abusiva**. Ficamos juntos por dois anos, ele tinha sete bipolares na família. Ele me tratava como se eu fosse uma, e era o que provavelmente eu estava me tornando. Nós dois juntos não tínhamos limites para o álcool.

Estava com consultório particular, atendendo pacientes de diferentes perfis, fazia acompanhamento terapêutico com pacientes mais graves e trabalhava em uma clínica de reabilitação de dependentes químicos. Fui convidada para ser chefe do setor de psiquiatria, mas não pude aceitar porque não conseguia atender pacientes psiquiátricos. **Lidar com pacientes em surto psicótico despertava em mim sentimentos muito ruins, os quais fui compreender posteriormente com minhas regressões a vidas passadas, onde estava sintonizada com a loucura.**

Fiz vários cursos na área de dependência química. Dei início à especialização na UFRJ também. Fiz um ano de residência no setor de álcool e outras drogas do Instituto Phillippe Pinel. Minha relação começou a decair. Ele terminou comigo depois de tanta turbulência emocional, dizendo que já havia tentado de tudo e que não conseguia me fazer feliz. Claro que não. Ninguém poderia me fazer feliz. Me sentia à beira da loucura.

Era Natal, resolvi "agitar" um reencontro dos amigos "das antigas" no Sul. Chegamos lá, todos tomando ecstasy, fumando maconha, MDMA, rave e muita festa. No final, dormi por três dias e perdi o voo de volta. Estava muito mal.

Capítulo 4

A Grande Loucura

Voltei dessa viagem louca, em estado terrível, e uma amiga da faculdade que se formou junto comigo me ligou; ao saber de minha situação, quis me ajudar e me convidou para ir morar com ela e trabalhar como psicóloga hospitalar no único hospital da cidade dela. Só que um detalhe importante é que a cidade dela é colada à Amazônia, não tem asfalto, nem cinema, nem shopping, nada. Estava mesmo precisando de novos ares e uma aventura. Ela confirmou tudo com a prefeita da cidade, fiz o fechamento com meus pacientes do consultório, fechei os cursos, e fui tentar a vida lá.

Um avião até Cuiabá. Um ônibus até uma cidade no meio do caminho, onde esperei um piloto chegar para me levar em um bimotor até Colniza/MT, que era a cidade de destino. Mas o piloto não chegou, então tive que dormir em cima de um posto de gasolina, em um hotelzinho, o único que havia na região. No dia seguinte, chegou outro piloto, porque o piloto original foi preso por porte de cocaína, estava voando abaixo dos radares e vindo da Colômbia com quilos e quilos. Ainda bem que eu não estava junto, senão estaria provavelmente presa até hoje com ele.

Lembro-me que, quando finalmente cheguei à cidade, parecia que era artista de Hollywood. Fiquei famosa. Dei entrevista para a principal TV local. Logo todos me conheciam.

Trabalhava no hospital até as cinco da tarde e depois não tinha nada para fazer. Só boteco, *funk* e sertanejo. Os eventos da cidade eram de bois e competição de qual carro tinha o som mais potente e mais bem equipado. Ali tive a certeza de que Deus havia esquecido a gente aqui para se ferrar.

No hospital, não tínhamos recursos. Eram casos extremamente graves. Eu fazia o que podia, tinha um bom relacionamento com os dois médicos e com toda a equipe. Estava tentando introduzir medicações que ninguém conhecia, no caso dos pacientes psiquiátricos e dependentes químicos. Bastava eu pedir que os médicos providenciavam. Porém, os médicos pediam que eu dissesse a eles qual seria a dosagem das medicações, não eram psiquiatras. E, como psicóloga, por mais que tenha conhecimentos, são apenas conhecimentos, não tenho autorização para administrar medicação em ninguém, não sou médica. Estava sendo perigoso para mim. Porém, aquelas pessoas precisavam de tratamento medicamentoso.

Eu via que não havia instrumentos cirúrgicos, as pessoas morriam de picadas de cobras e aranhas. Os médicos não sabiam usar fórceps nem desfibrilador. Quando eu voltava para casa, tomava meus remédios com cachaça para aliviar as cargas do trabalho.

Hoje, sabendo como nosso corpo funciona do ponto de vista energético e espiritual, simplesmente somos um campo eletromagnético e, se não cuidamos desse campo, acabamos absorvendo energias dos outros e adoecendo, porque nosso campo vai abrindo e ficando vulnerável a ataques, tanto de seres trevosos quanto de energias densas que são produzidas no estado de doença. Eu não sabia disso, mas estava completamente aberta e suscetível a ataques.

Meus questionamentos agora ficavam ainda mais profundos. Ainda bem que conheci um rapaz muito bacana com quem me relacionei praticamente todo o tempo em que estive lá. Ele hoje é meu amigo e sempre diz que minha frase predileta quando ficava bêbada, com o dia amanhecendo, sentada na janela com o carro em movimento, era: "Me deixa ser feliz, porraaaaa!!!Me deixa ser feliz!!!!!!!".

Sim, eu queria, e é o que certamente todos nós queremos, a felicidade. Só não conseguia encontrá-la. Muito cigarro, muita bebida, muita festa, muitos óbitos de pacientes e muitos casos graves. E eu tomando mais remédios do que nunca, afinal, levei um estoque de caixas e mais caixas. Era antidepressivo, ansiolítico, antipsicótico e estabilizador de humor.

Fui convidada para ser jurada de um concurso das meninas da cidade, o concurso se chama "Miss Colniza", ocorre uma grande festa, onde todos da cidade vão prestigiar as meninas desfilarem.

Então eu disse que não seria a jurada, mas faria algo melhor, expliquei o que é uma *performance*, e elas adoraram, me perguntaram qual seria a música que eu dançaria para abrir o concurso. Escolhi a música "I Will Survive", a típica música que eu adorava dançar com meus amigos em boate *gay*.

Não preciso dizer que bebi muito antes do show. Vesti uma roupa extravagante e fiz o show chamando os meninos para dançar comigo no palco. Não assisti ao meu próprio show, mas garanto a você que deve ter sido um show de horrores, porque no dia seguinte as fotos se espalharam e chegaram às mãos da prefeita, que me demitiu.

Um amigo estava indo para Cuiabá, e fomos juntos, fiquei na casa dele alguns dias até decidir o que faria para recomeçar.

Capítulo 5

Começando Mais uma Vez

Meu melhor amigo estava morando em São Paulo, em uma república, e uma amiga nossa em comum me ofereceu para ficar no quarto dela em outra república enquanto ela estava viajando. Lá todos fumavam maconha. Eu não estava atraindo pessoas e situações de alta vibração porque minha frequência vibracional estava péssima, vibrava negatividade e loucura. Meu sentido de vida se fazia somente quando ajudava os pacientes. No momento em que um paciente me procurava pedindo ajuda, eu esquecia as minhas loucuras para ajudá-lo. Ajudando-o, minha vida parecia fazer sentido. E sabemos que não pode ser assim, é claro que, ao ajudar a curar outras pessoas, também estamos nos curando... **porém, para auxiliar um doente você precisa estar saudável, senão absorve cargas e adoece junto.**

Comecei a enviar currículos para as clínicas de reabilitação principais de São Paulo e minha supervisora do Phillippe Pinel indicou o diretor do setor de dependência química da USP. Ele sempre muito ocupado, tentei contato inúmeras vezes, sem sucesso. Fui enviando currículos e, enquanto isso, vivendo a vida "livremente", escolhendo bebedeiras e festas. Até que por *coincidência* um amigo que conheci no Canadá estava morando em São Paulo e havia se tornado Testemunha de Jeová (mesma religião em que fui criada). Ele me convidou para ir às reuniões. Dava para eu ir caminhando de onde eu morava.

Fiquei algumas semanas frequentando, mas não conseguia mais me identificar. Meu intelecto ia além das explicações de Adão e Eva no paraíso. Eu queria sentir meu coração bater, mas não batia ali. O que buscava era a ingenuidade daquela religião, uma falsa sensação de familiaridade, que me fazia sentir protegida quando era criança.

Mas não era mais pra mim. Contudo, me ajudou a frear um pouco o consumo de álcool e cigarro naquele momento, e isso foi muito bom.

Reencontrei uma velha amiga que, ao saber de minhas condições ali na república, me convidou para morar com ela e com o marido. Foram me buscar e fiquei com eles três meses. Nesse tempo, estava insistindo contato com o diretor do setor de dependência química da USP, que me recebeu e me ofereceu uma residência. Comecei lá, mas não era remunerado, seria muito bom para o meu currículo e experiência. Logo, uma clínica de renome, que recebe pacientes da alta sociedade e artistas, me convidou para trabalhar, após passar pelo processo seletivo. Maravilhoso. Vi a vida se abrindo para mim. Estava agora com dinheiro pra me mudar. Foi o que fiz, me mudei pra pertinho da clínica, assim podia cobrir os plantões e feriados tranquilamente.

Estava me relacionando com um rapaz, um bom partido, filho de diplomata. Estava gostando dele, e ele de mim. Mas eu realmente acreditava que era uma bipolar e agia de acordo com essa crença. Então fazia minhas relações ficarem turbulentas, do mesmo jeito que eu vibrava por dentro. Ficamos juntos sete meses.

Na clínica, dava o meu melhor para os pacientes. Me relacionava muito bem com eles, e fazia boas intervenções. Trabalhava coordenando grupos e dando plantões não só durante a semana, mas também aos feriados e finais de semana.

A Psicologia começou a me incomodar no momento em que percebi a guerra de egos. Eu já tinha essa noção por conta da UFRJ, mas dentro daquela clínica vi verdadeiros egos falantes. Eu não era muito diferente, porque, afinal, gostava de intelectualizar tudo, mas me interessava pelo progresso dos pacientes e via nitidamente que as reuniões de equipe eram disputas entre os profissionais, verdadeiras competições. Naquela época eu conseguia perceber o que era EGO, mas era uma compreensão bastante diferente da que tenho hoje.

Estava infeliz pela equipe doente. Era uma falta de coerência constante, a começar por mim, que chegava em casa e a geladeira sempre cheia de bebidas alcoólicas e todos os dias bebia e fumava muito. Estava em tratamento psiquiátrico com um psiquiatra da USP, que, embora não estivesse convencido de meu diagnóstico, deu continuidade às medicações do tratamento anterior. Ele incentivava que tentássemos dar um novo rumo ao tratamento, mas eu tinha muito medo de alterar o tratamento, porque tinha receio de surtar. Então ele respeitava meus medos e não modificava.

Estava extremamente comprometida com o trabalho, era muito tempo dedicado todos os dias. Saí muito decepcionada com a atuação de alguns profissionais dentro de uma clínica de reabilitação tão renomada. Jogos de poder e excesso de ego, não estava apta para isso, embora tenha competência e talento. É muito comum encontrar, na área de dependência química, profissionais tão doentes quanto os pacientes. Isso se deve justamente porque ficam absorvendo cargas energéticas doentes, adoecem e ficam egoicos, tanto quanto os pacientes. Vulneráveis a se atacarem entre si e a utilizarem drogas como fuga. Então, voltei para o Rio de Janeiro.

A essa altura, minha atual madrasta, que era estagiária na empresa de meu pai, se tornou sócia. Ela estava grávida de poucos meses e me convidaram para trabalhar com eles. Foi muito bom, porque eu estava precisando trabalhar fora da Psicologia clínica um pouco, até que minha mente elaborasse a forma que saí daquela clínica. Fiquei muito revoltada, e os pacientes também. Muitos familiares de pacientes chegaram a me telefonar para expressar indignação. Estava magoada também porque foi como se aquele sentimento de "ser expulsa" já me fosse comum e me remetia à minha expulsão da religião. Até meus amigos e parceiros de trabalho foram aconselhados a não manterem contato comigo, senão correriam risco de ficar mal com a diretoria.

Comecei a criar uma rotina fixa, respeitando meus horários livres, coisa que não fazia há muito tempo. Jogava vôlei de praia, corria na praia e saía com os amigos para beber e dançar. Essa era a minha vida. Sempre tomando minhas medicações.

Em meu aniversário de 30 anos, resolvi me dar um carro de presente. Fiz um financiamento de cinco anos. Os remédios que eu tomava estavam dando reações na pele, então iniciei um tratamento de pele com um remédio forte, tive de assinar um documento me fazendo garantir que estava tomando anticoncepcional para não engravidar durante o tratamento, pois traria muitos danos.

Pelo facebook, reencontrei um amigo da época de faculdade. Nós chegamos a "ficar" na faculdade, mas eu namorava. Agora estava solteira e marcamos um encontro.

Como disse, eu realmente acreditava que era bipolar, e essa crença me fazia insegura de mim, sempre querendo esconder isso dos homens com quem me relacionava, acreditando que a qualquer momento poderia surtar e todo mundo notaria o tamanho de minha loucura. Então, permitia que a relação começasse, mas depois ia me perdendo por conta do medo da outra pessoa descobrir que minha loucura faria a relação mais infeliz do mundo. Tinha vergonha do que podia vir a me tornar. E, dessa forma, estava me tornando infeliz, ao não me permitir entrar em contato com minha verdadeira essência. Vivia na sombra do medo e assim atraía exatamente aquilo que temia.

Com esse rapaz acabei sentando para conversar, saímos inúmeras vezes sem sexo, eu queria que dessa vez desse certo. **Me esforçava para fingir ser "normal"**, e assim, estava longe de ser eu mesma.

Um dia estava muito chateada por alguma razão e resolvi sair com ele para beber. Mas eu não bebi, enchi a cara de tequila. Comecei a falar tudo o que estava escondido, tudo o que eu tinha medo de ser e de me revelar. Ele não se importou, me deu suporte. No fim, fomos para o motel, foi nossa primeira vez. Não estava tomando anticoncepcional, nem usamos camisinha. Engravidei e não sabia.

Estava com viagem marcada para Recife, fui visitar umas amigas que conheci no Canadá e conhecer a cidade em que nasci. Fui de carro até João Pessoa, na Paraíba. Visitei o local onde meus pais moravam. Passei mal todos os dias, e não sabia que estava grávida, cheguei a menstruar muito. Falava com o rapaz (que me engravidou) todos os dias, parecíamos estar apaixonados.

Entrei em contato com a energia do lugar onde nasci, onde meus pais tiveram uma história, me conectei com o amor por eles, me emocionei.

Ao voltar para o Rio de Janeiro, me senti mal e resolvi fazer exame de sangue, deu positivo para gravidez. Ali rezei, muito, muito mesmo. Porque não estava nem um pouco pronta para ser mãe. E o risco de o bebê nascer deformado era enorme. Entrei em contato com vários médicos, a maioria foi a favor do aborto. Mas eu não teria coragem. Foram alguns dias de muitos questionamentos e sofrimento. Nesse tempo, o rapaz que seria o pai me ligava e eu não atendia. Não sabia como contar. Resolvi contar pessoalmente.

A reação dele foi dizer que o que tínhamos era somente uma aventura, e sumiu, desapareceu. Ele me excluiu do facebook, não atendeu às minhas ligações, nem nunca mais nos falamos. Fiquei desesperada e, na mesma noite, comecei a sangrar muito, tive um aborto espontâneo. Meu pai morava no mesmo prédio que eu, então pedi para dormir na casa dele. De manhã fui ao hospital com ele e com minha irmã para checar se estava tudo bem.

Com a gravidez, pensei que, se fosse para surtar, ali seria o momento ideal. Então, assim que soube o resultado positivo, entrei em contato com meu psiquiatra e cortamos as medicações, mantivemos somente uma baixa dosagem de Rivotril para dormir. Tive total suporte de minha terapeuta também. Ambos foram maravilhosos. Ali pareceu brotar uma força nova dentro de mim.

Aquele breve momento me fez imaginar ser mãe, e passar por toda aquela dificuldade me fez sentir de alguma forma mais segura e conectada comigo mesma. Me foquei na terapia e na corrida de praia, todos os dias depois do trabalho. O álcool perdeu um pouco a força, mas ainda bebia e fumava à noite, quando chegava em casa para relaxar e dormir.

Entrei em um momento delicado. Estava convivendo muito com meu pai. Sempre fomos amigos confidentes, muito chegados um ao outro. Era uma relação de amizade, porém também de dependência emocional extrema.

Minha madrasta a essa altura estava por ter bebê, e minha irmã estava com malformação pulmonar, corria risco de vida ao nascer. Passou por uma cirurgia assim que nasceu e ficou alguns dias na UTI.

A empresa ficou nas minhas mãos, meu pai decidiu que não queria mais a empresa porque estava cansado. Levei aquele momento com o máximo de responsabilidade que pude. Ambos estavam ausentes, e agora meu pai queria sair da sociedade e me colocar no lugar dele com minha madrasta.

Comecei a refletir sobre meu futuro e o que gostaria que acontecesse em minha vida. Estava tendo crises de choro por não conseguir visualizar. Comecei a ficar infeliz no trabalho e me dei conta de que aquilo não era para mim. Porém não sabia o que fazer e a vontade de acabar com minha vida se fazia constante.

Capítulo 6

Enfrentando o Fantasma do Passado

A família de minha mãe ainda estava em guerra judicial contra meu pai, então eu e minha irmã mais velha, que é advogada, tentávamos uma forma de trazer novas propostas de acordo, para aliviar o lado de meu pai, visto que minha mãe nunca teve condições de lidar com essas questões de forma direta, e a dívida de meu pai estava ficando alta. Com essa guerra que eles viviam era impossível que minha mãe pudesse ficar bem, porque ficava presa à mágoa e vingança. A família dela também.

Muitas vezes ela descontava em mim a raiva que sentia por meu pai. Sempre dizendo que eu era igual a ele, "farinha do mesmo saco". Na hora do surto, ela sempre teve muita agressividade para cima de mim e me tratava como se eu e ele fôssemos a mesma pessoa. Só fui compreender isso depois de acessar algumas vidas passadas com ela e com meu pai; em uma delas, eu era a esposa de meu pai, e ela era nossa filha, no antigo Egito, e tivemos de entregá-la em um ritual de magia, para que ele pudesse ser liberto da escravidão. Essa regressão me trouxe bastante compreensão em relação à raiva que ela desconta em mim nesta encarnação.

Eu estava cuidando de mim, de minha sanidade, buscando manter o equilíbrio diante de tudo para não precisar voltar a tomar medicação. Continuava somente com o Rivotril em baixa dosagem.

Um dia fui assistir a uma peça de uma amiga, que é atriz, e depois fomos tomar um chopp em um bar. Conheci um rapaz lá, e nos relacionamos por cinco meses intensamente. Foi como se nos conhecêssemos há muito tempo, mas juntos bebíamos muito, ele também tomava Rivotril e tinha crises de medo.

No momento em que nos conhecemos, eu estava em tratamento psicológico e trabalhava a relação com minha mãe. Me afastei muito dela e da família a partir de meus 17 anos. Estava sem falar com meu avô havia dois anos, por conta da agressividade dele quando bebia. Ele é alcoolista, dependente de álcool a vida toda. Na verdade hoje sei que ele é médium de incorporação e nunca desenvolveu, misturou com o hábito de beber. Isso não dá nada certo, potencializa muito a negatividade, porque o médium vira "esponja" das cargas energéticas pesadas dos ambientes e das pessoas. Minha avó, por parte de mãe, também era médium de incorporação e, até onde sei, não desenvolveu. Não pude conversar com ela sobre isso porque ela faleceu quando eu tinha 10 anos.

A postura da família de minha mãe me deixou extremamente enraivecida e triste, pois, sendo uma família com um alto poder aquisitivo, poderia ter evitado a guerra e resolvido tudo de forma a amenizar nossa dor, ao invés de aumentá-la. Hoje minha mãe é dependente da família dela da mesma forma. Uma guerra de 15 anos que causou muito transtorno desnecessário, principalmente para a saúde mental dela, que ficou presa ao passado e à "sede de justiça".

Mas minha história com minha mãe é muito antiga. Trabalhá-la em terapia convencional era olhar apenas de meu nascimento para cá. Eu acreditava que tudo começou com uma depressão pós-parto e que futuramente, passou a me tratar com raiva em seus surtos apenas porque saía de si durante esses estados alterados. E acreditava também que a família dela guerreava contra meu pai por vingança tola, que não fazia sentido tanta falta de razoabilidade. Então, olhar somente por esse ângulo me fazia sentir cercada por uma genética de loucos, o que me levava a concluir que louca eu seria. As explicações convencionais giravam em torno disso. Uma extrema ignorância de minha parte, pois hoje sei que tudo gira em torno de vidas passadas, que geram carmas entre pessoas. Por isso a razão de tanto ódio velado entre os familiares de minha mãe em relação ao meu pai, que não é santo nessa vida, nem foi em vidas anteriores. E ninguém é santo. Sem saberem, estão todos eles prorrogando a resolução e o resgate, apenas tecendo novos carmas para as próximas vidas.

Trabalhar minha mãe em terapia convencional ainda não envolvia essa compreensão, muito pelo contrário, fazia toda essa história ficar girando em torno da incompreensão. Eu precisava compreender o porquê de tanta guerra, tanta raiva, tanta loucura, tanta falta de assertividade, **tanto louco dizendo que é "justo"**. Meu pai estava agindo de forma inconsciente também, sem medir consequências a longo prazo. Minha mãe se refugiou na loucura e, assim, deixou que atuassem por ela. **Dentro das explicações convencionais, não encontrava nada que me confortasse, nada que me fizesse ter vontade de ir lá e amar todo mundo no Natal.**

Retornando à história com o novo rapaz, que parecia gostar de mim de verdade, ele também tinha sérias questões com o pai dele, dependente químico, e uma relação de superproteção da parte da mãe.

Estava tentando me reaproximar de minha mãe, embora isso causasse desconforto em mim e nela também. Mas estava tão feliz e apaixonada que quis ligar para ela e marcar um jantar na sua casa. Estava querendo contar para ela minha vida, compartilhar bons momentos.

Cheguei à casa dela e ela estava como sempre, com a TV ligada no volume quase máximo, o rádio também, e cozinhando em duas panelas, uma de frango e a outra de carne. Estava agitada, visivelmente ansiosa por minha presença. Só que eu, ainda com muito medo da loucura dela, e de ser como ela, tentei puxá-la para uma conversa com início, meio e fim. Tentei lutar contra a realidade. Mas não era possível. Tentei outra estratégia, disse que estava precisando tomar um banho e, quando eu disse isso, ela imediatamente falou gritando: "Não, no meu banheiro não, você vai fazer bagunça". Depois abri a geladeira e vi a lasanha de que tanto gosto, de berinjela, e ela disse: "Não vai comer tudo não!". Tentei conversar sobre como eu estava feliz, e então ela disse: "Essa felicidade é euforia, já, já vai virar depressão".

Esse é o esquema mental de minha mãe. Ela me joga em uma relação de "estica e puxa". Faz tudo isso e depois, quando vê que me "tira do sério", volta atrás e diz que posso fazer tudo o que eu queria fazer. Quando eu era criança também era assim, primeiro sempre vinha o negativo, para depois, por culpa, permitir tudo de forma extremamente desproporcional.

Ainda não estava preparada para enfrentar esse esquema que disparava um caos interno muito grande em mim. Resolvi ir embora.

Agradeci, tentei abraçar. E ela dizia assim: **"Você não está bem! Você sempre vem, desorganiza minha vida e vai embora! Volte aqui, filha! Você não está bem!"**.

Quando se conhece minha mãe, ela é uma figura com o coração enorme. Mas é sim descontrolada, e, mesmo que tente, não sai desse esquema de "estica e puxa" comigo até hoje. **Na verdade, esse esquema é dela com ela mesma. O que tinha de mudar era minha compreensão a respeito dela e nossa ligação cármica de outras vidas. Isso explica muita coisa e é a única solução que encontro hoje para conseguir estar com ela nos momentos de surto, com resignação.**

Mas ali, naquele momento, eu não estava preparada. Saí da casa dela, e tive de parar o carro três vezes com ânsia de vômito. Tocava em muitos lugares profundos dentro de mim.

Em outro momento, tentei levar o rapaz por quem estava apaixonada para conhecê-la e, quando chegamos à casa dela, ela estava com hálito de álcool. Ficamos um pouco, uma conversa sem pé nem cabeça, porque ela estava em um estado de falar compulsivo, e então fomos embora.

Capítulo 7

A Pré-Contemplação de um Despertar

Nesse meio-tempo, meu melhor amigo, que sempre me incentivava a fortalecer o lado espiritual, me enviou pelo correio o livro *A prova do Céu*, que é uma história de um neurocirurgião que era cético até entrar em coma e ter uma experiência de quase morte (EQM). Estava lendo o livro com bastante entusiasmo, parecia estar descobrindo um mundo novo, com uma linguagem que me caía bem.

A mãe desse rapaz com quem estava me relacionando era espírita e me convidava para ir ao centro, mas eu ainda era completamente avessa à ideia de religião, ainda mais o Espiritismo, que sempre foi tão mal julgado por meus pais. Porém, estava sim me abrindo uma visão diferente através daquele livro. Sempre o lado científico era minha base, então esse livro me dava uma base científica para uma possível continuação da vida após a morte do corpo físico.

Me reaproximei da clínica onde havia feito meu primeiro estágio em Dependência Química, aquela mesma que havia me convidado para chefiar o setor de psiquiatria e eu havia recusado por medo da loucura.

Seria a única clínica no Rio de Janeiro em que eu realmente gostaria de trabalhar, porque eles seguem o modelo Minessotta, que é baseado nos 12 passos dos alcoólatras e narcóticos anônimos, ou seja, trabalha com uma espiritualidade que não é religiosa. Àquela altura, mesmo não sendo religiosa, e ainda beirando o ceticismo, tinha plena consciência de que desenvolver a espiritualidade é essencial para a recuperação de pacientes graves. Eu sabia, com base em minhas pesquisas, que ter fé ativa uma parte do cérebro chamada "área mística", que dispara uma série de substâncias que elevam a imunidade e trazem muitos benefícios para quem crê.

Então tomei a atitude e entrei em contato com o diretor, com quem sempre tive uma boa relação. Ele me chamou imediatamente para ir até a clínica dele. Cheguei lá, ele não estava, mas o coordenador me recebeu e pediu que eu começasse a trabalhar naquele mesmo instante. Eu não podia, ainda estava na empresa de meu pai, pensei que precisaria ainda deixar as coisas mais bem organizadas antes de sair.

Perdi a oportunidade, mas voltei a ter contato com os cursos e palestras ministrados por ele e sua equipe. Para mim já era positivo porque me manteria atualizada. Iniciei o curso vivencial dos 12 passos dos grupos anônimos, fui como profissional, o que para minha vida pessoal foi providencial, porque entrei em contato profundo com minha história, ao escrever meu inventário pessoal, que é um dos passos dados nessa abordagem. Foi um passo inicial para um contato profundo comigo mesma.

Capítulo 8

A Contemplação do Despertar

Eu e mais três amigas resolvemos ir de carro para São Paulo passar um feriado longo. Eu estava terminando de ler o livro sobre quase morte. Fiquei como de costume, na casa de meu melhor amigo. Uma de minhas amigas tinha hora marcada com uma taróloga e estava se despedindo de nós para ir à sessão. Foi então que curiosamente perguntei sobre como seria isso. Meu ceticismo de base, somado às experiências com charlatões, questionava esse tipo de coisa. Estava perto de meu aniversário e sempre me presenteio com algo fora do usual. Então pedi para ela perguntar se tinha um horário pra mim, mas não deixei que ela dissesse o meu nome temendo que a taróloga pudesse pesquisar coisas sobre mim. E também pedi que eu entrasse antes dela, para não arriscar que ela falasse algo a meu respeito e abrisse margem para charlatanismo.

Foi ali que tudo começou a se transformar definitiva e verdadeiramente em minha vida. A taróloga e parapsicóloga, ao ver meu ceticismo, dizia ironicamente: "Eu adoro os céticos!". Trouxe meu passado em detalhes, sabia tudo a meu respeito. Antecipou várias coisas que realmente aconteceram no futuro.

Senti coisas que nunca senti antes, ali sentada com ela, uma mulher que nunca vi, com uma aparência estranha, sabia tudo a meu respeito. Senti a presença de meus guias. Ela se referia ao meu pai utilizando as mesmas exatas palavras de minha mãe!

Dentro do carro, eu estava com um documento que minha madrasta me entregou para que eu assinasse, era o documento que me tornaria sócia da empresa de meu pai, com ela. E a taróloga nem tinha como saber desse documento, ela disse que era para eu não assinar qualquer documento, e disse que eu deveria sair de perto do meu pai e de minha madrasta imediatamente. Foi bastante enfática.

Aqui não posso detalhar tudo o que ela abriu porque seria envolver terceiros, o objetivo aqui é ir mostrando meu processo de despertar. O importante é que segui exatamente todas as orientações que ela me deu, porque senti que era tudo verdade. Também **entendi o chamado da espiritualidade, só não fazia ideia de como seria isso, mas ela viu que, se eu não buscasse a espiritualidade, da maneira que fosse, poderia acabar em suicídio, que já havia sido meu fim na última encarnação.**

Fiquei muito confusa, senti muito medo, chorei muito durante uma semana.

Até ali, minha vida era culpar os outros por meu estado mental confuso. Não conseguia ver além por conta dos medos, não conseguia parar de julgar, de criticar, de encontrar culpados, de me vitimar. Realmente a forma que eu estava guiando minha mente era perigosa porque me colocava em um lugar de pouca responsabilidade frente à vida e aos outros. Ainda não me dava conta de que vibrava na mesma frequência dos fatos que eu mesma atraía, por não estar consciente de minha baixa vibração.

Certamente hoje sei que a maioria das pessoas está no mesmo estado de inconsciência que eu estava, isso inclui membros de minha família e muitos amigos, o que é claro e evidente, que os leva – assim como me levava – a agir de forma inconsciente, acreditando estarem corretos dentro de suas verdades limitadas e limitantes. *Escrevo com o coração tranquilo, sem mágoas, porque compreendo e hoje respeito o tempo de despertar de cada um. Se assim não o fizesse, não estaria em um caminho espiritual.*

Quando percebi que meus amigos, minha família e minha vida estavam todos vibrando baixo sem consciência disso, comecei a encontrar formas de me liberar internamente para buscar outros tipos de ajuda. Porque é um processo muito difícil, são muitas amarras. Principalmente as amarras mentais. **Eu, que sempre tive medo da loucura, agora tinha certeza de que era diferente, e que ser diferente não necessariamente era ser louco. Aliás, a palavra loucura não tem a conotação correta.**

Vamos retornar à taróloga, que foi a primeira a me mostrar algumas verdades que eu não conseguia ver, mas que naquele momento eram necessárias para que eu pudesse correr atrás de outro tipo de ajuda, que não a convencional, pois essa nunca poderia me dar o que eu realmente precisava.

Eu mal sabia o que viria pela frente, e talvez aquela taróloga também não, ou talvez ela soubesse, mas não podia me dizer ou interferir, pois certas coisas precisamos experenciar para nossa evolução.

Foram 15 anos de terapia, com quase todas as abordagens dentro da Psicologia, vários psiquiatras, inúmeros tratamentos fortes. Para, em duas horas e meia, eu descobrir que estava o tempo todo cega para a realidade da existência? O tempo todo me firmando somente na Ciência, e com isso me aproximava do mesmo fanatismo do qual eu vivia a condenar e fugir?

Seria aquela taróloga enviada pelo Diabo ou enviada por Deus? A dúvida começou dentro de mim.

Capítulo 9

Preparação para o Despertar

Era agora comprovado que o outro lado da vida existia. E, como Allan Kardec fez, eu teria de desconstruir meu ceticismo de forma científica, já que o respaldo da ciência era (e é) tão importante para mim. Atiçou minha sede por respostas, provas, eu queria a verdade para me libertar.

Estava agarrada a uma vida incoerente, sem equilíbrio. Com isso quero dizer que vivia a REAGIR e a me defender, portanto não estava sendo livre, estava presa às reações. **Hoje escolho** não reagir, e esse poder de escolha é o livre-arbítrio. Naquela época, nem liberdade eu tinha, estava presa à inconsciência do ego.

A taróloga fez algumas previsões do futuro. Porém o futuro – aqui cabe uma ressalva – é comandado por nós, somente nós e nossas escolhas no presente, qualquer previsão deve ser ouvida com filtragem, pois são apenas tendências extraídas do campo vibracional naquele momento. E **eu ainda não tinha muito filtro. Fiquei muito atordoada.**

Saí de lá com informações muito sérias e com muitas ações e decisões a tomar! Percebi que havia acabado a "brincadeira" de viver por viver. Despertou em mim uma sensação de liberdade, vislumbrei a felicidade, porém eu mal sabia o que estava por vir.

Ao retornar para a empresa, aproveitei a primeira oportunidade para pedir demissão e não assinei o contrato. De imediato comecei minhas pesquisas para tentar descobrir se aquela taróloga era Deus ou o Diabo. Na verdade, **ali fiquei com muito medo, mas era por causa dos registros repressores que li na Bíblia e de tudo o que me foi ensinado quando era pequena. Nada mais do que isso.**

Lembre-se de que meu processo de busca já estava em andamento. Estava fazendo um curso dos 12 passos e frequentando um grupo de mútua ajuda para familiares de dependentes químicos. Já estava assim, fazendo orações para o "Ser Supremo", estava lendo um livro sobre experiência de quase morte, utilizava um terço que meu amigo me trouxe benzido por um padre da Bahia (eu nem acreditava em Jesus, mas o que quero dizer é que já estava chamando, pedindo, me esforçando). Ou seja, aquela taróloga não apareceu por acaso. *O Universo faz a parte Dele quando a gente faz a Nossa.*

Meu cérebro, minhas crenças, tudo dentro de mim começou a fervilhar. **Minha energia intensa começou a se direcionar para essa busca.**

As primeiras questões que foram surgindo foram a respeito da veracidade da Bíblia, a falta de preparo e conhecimentos científicos para a compreensão das mensagens de Jesus – caso ele realmente tenha existido, eu ainda não estava certa disso –, as limitações e o estado primitivo daquela época, o domínio da Igreja como Império a serviço da Política e até que ponto houve alterações nas Escrituras.

Sempre soube que as diferentes religiões cristãs se julgam acreditar na Verdade, se apoderam da Bíblia cada uma do seu jeito e interpretação. E os tradutores? As traduções? Cada língua tem sua particularidade... para mim era muito confuso tudo isso. De onde veio a palavra "demônio"? Quem realmente eles eram ou são? Por que a permissão de tanto "ataque"? O que representa o Diabo? Por que se condena tanto a doutrina espírita? Anjos e demônios não são espíritos? O Espírito Santo tem esse nome, mas não se trata de espírito? A única verdade espiritual que eu conhecia e estava ainda atuante em minha mente inconsciente era a da religião na qual fui criada, dogmática e limitante. **E definitivamente esse tipo de religião não representa minha essência. Com todo o respeito. Era a hora de decolar...**

Capítulo 10

Decolagem Rumo ao Conhecimento Infinito

Incentivo a todos que sejam curiosos sobre si mesmos, que questionem suas incoerências e tudo aquilo que estão atraindo para si! Não podemos acreditar que sabemos tudo, nem que o que sabemos já está bom, porque a gente não sabe nem 1/3 da realidade que está por trás de nossas experiências. Ninguém está na família que está apenas por um acaso. *Ninguém está no lugar errado, isso não existe.* Podemos e devemos procurar o sentido por trás das coisas. Doeu muito, mas recebi muito suporte no caminho. O Universo nunca nos deixa a sós, mas existe uma coisa que precisa ser feita para a aliança acontecer: É PRECISO SABER PEDIR.

Não poderia encontrar as respostas dentro de nenhuma religião. Teria de estudar, pedir, porque agora sabia que havia alguém me escutando. **Minhas preces começaram a ter direcionamentos, meus pedidos eram objetivos e diretos. Ajoelhava com muita humildade e pedia.**

Entrei em contato com amigos espíritas e espiritualistas para entender as crenças deles e **fui desafiando minha própria capacidade de escutar aquilo que me despertava medo e aversão. Comecei a ver que o que despertava medo intenso era exatamente aquilo que precisava naquele momento compreender. Me vi perdida em tantas incertezas, mas não tinha dúvida de que era esse o caminho.**

Terminei o curso de Dependência Química e continuei no grupo de mútua ajuda, porque estava me preparando para voltar a ter contato com meu avô alcoolista. O grupo me ajudava a compreender que dentro de minha família acabávamos atuando como codependentes. Enfim, estava sem trabalhar, estudando, me fortalecendo emocionalmente e pesquisando muito sobre espiritualidade.

Aquele rapaz com quem estava saindo só falava comigo por telefone, eram longas conversas, ele acompanhava de longe, mas começou a se distanciar mais e mais, e eu não entendia. *Aquele distanciamento começou a me afetar negativamente porque já havíamos conversado sobre assumirmos algo sério, parecia estar tudo certo, ele já conhecia meus pais e vice-versa.*

Meu pai já estava com prazo para entregar o apartamento que ele morava para a minha mãe (nesse meio-tempo ele perdeu tudo na Justiça para ela), logo ele sairia do prédio, junto com minha madrasta e minha irmã bebê. Estavam construindo a casa nova.

Comecei a distribuir currículo para trabalhar em loja, visto que a clínica em que eu queria trabalhar não havia me chamado de novo ainda. O diretor me garantiu que chamaria assim que abrisse uma vaga, mas eu não podia ficar esperando porque o dinheiro ia acabar. Eu estava em crise com a Psicologia, embora sempre atendesse os pacientes que vinham até mim. Nunca neguei ajuda. Tenho pacientes antigos, os quais sempre atendo, nunca deixei meus dons de lado. **Apenas precisava, e estava em busca de maior coerência dentro de mim para atuar com plenitude dentro e fora do consultório. Eu vivia uma montanha-russa.** Aquela clínica era, a meu ver, limitado da época, minha única opção, porque trabalha com a espiritualidade sem religiosidade. Àquela altura, seria importante para mim. Mas não foi o que aconteceu.

Ajudava meu pai e madrasta a cuidar de minha irmã, sempre que podia. Minha madrasta não lidou muito bem com o fato de eu ter saído da empresa, mas não houve indisposição *direta*.

Comecei a ter crises de medo mais fortes. Bebia muito sozinha em casa porque não compreendia o afastamento do rapaz. Ele me fazia falta. Resolvi ir visitar o centro espírita que a mãe dele frequentava. Liguei para ele ir, e ele foi.

Fiquei muito impressionada com o conteúdo científico da palestra e com o palestrante. Embora eu tenha ficado com medo na hora do passe, me identifiquei muito com tudo o que foi ali colocado. Percebi muitos sinais durante a reunião, parecia que era tudo direcionado para mim.

Eu e o rapaz não nos vimos mais. Ele não quis mais me ver e não me deu razão, embora me enviasse ainda mensagens dizendo que me amava.

Depois de algum tempo, em uma noite, eu estava saindo de um evento de Dependência Química, e na volta para casa parei em um posto de gasolina para comprar cigarro, encontrei ele lá parado na frente da loja de conveniência, bebendo cerveja, parecia até que estava me esperando. Um encontro surreal, porque ele olhou para mim e disse que ia até o carro dele buscar meu presente de aniversário que estava com ele aguardando um encontro casual. Foi lá e pegou o livro, me entregou e esse foi nosso último encontro. Esse livro me ajudou muito, porque é um romance espírita, com todos os conhecimentos básicos do que eles acreditam ser o plano espiritual. O livro se chama *Violetas na Janela*, é uma psicografia muito interessante, vale a leitura.

Aqueles conteúdos bateram em meu coração como se fossem a verdade. Naquela altura eu estava frequentando o centro *três vezes na semana (!!!)* e tomando passes magnéticos. Me sentia muito bem lá. Ouvia piano antes da palestra, um ambiente muito saudável, extremamente tocada chorava MUITO, parecia que era um lugar para isso, simplesmente chorava.

Em uma noite saí com uma amiga para beber e bebi muito. Estava dirigindo, fui parada em uma blitz da lei seca. Ninguém de minha família me atendeu naquele momento (era madrugada), **meu carro foi detido e fui levada para a delegacia porque soprei o bafômetro, deu 90%, e teria de ficar na delegacia até pagar a fiança, mas não tinha como ir ao banco tirar dinheiro porque estava detida.**

Foi um pesadelo, uma experiência muito ruim, estava em um momento delicado. Sozinha, ainda sem respostas, trabalhando como vendedora, viciada em cápsulas de cafeína e tentando voltar a me relacionar com a família de minha mãe. Meu pai foi lá me buscar. Foi uma noite de bastante reflexão. **No dia seguinte, não me senti culpada, me senti responsável e aprendi algumas lições.**

Agora, com o fim da guerra entre meus pais, conseguia me sentir melhor. Mas **o medo começou a ficar mais forte e tinha muitos pesadelos.**

Meu medo começou a ser noturno. Dentro de minha casa. Acordava com medo, não dormia direito. Logo fui chamada para trabalhar em uma loja de roupas femininas e comecei um pique muito intenso de trabalho.

Foquei na corrida, agora corria como nunca. Fiz a meia maratona, porém **me viciei em cápsulas de cafeína, que comecei a tomar quando comecei a correr e a essa altura tomava antes e durante o trabalho.** Comecei a me sentir mais confiante quando tomava as cápsulas.

Trabalhava muito na loja, e era alvo de muita inveja também. Foram 45 dias de muita ralação e três vezes na semana ia ao centro espírita, sentia muita necessidade de tomar passe.

O pneu do carro começou a furar constantemente. Incidentes negativos começaram a acontecer e minhas crises de medo noturnas se intensificaram. *Comecei a colocar em oração meu desejo de saber sobre a existência de Jesus. Pedi provas, confirmações. Porque, em minha lógica, se Deus existe, então seria mesmo Jesus o filho de Deus? Pedi provas ou sinais. Jesus na cruz para nos salvar? Não entrava em minha cabeça. O Natal se aproximava e esse tema estava me inquietando.*

Depois de 45 dias trabalhando na loja eles me contratariam com carteira assinada, eu não queria isso com um salário tão baixo. Então, logo continuei indo às entrevistas em outras lojas e uma delas me chamou para ser gerente, era internacional e gostou de meu currículo. Eu sabia que não era o ideal, mas era o melhor naquele momento. Pediram que eu enviasse todos os documentos e a carteira de trabalho para São Paulo. Enviei. Nesse meio-tempo em que aguardava o retorno deles, minha tia (irmã de minha mãe), que trabalha como representante de um equipamento americano de alta tecnologia, ficou sabendo que eu estava trabalhando com vendas e me convidou para fazer parte da equipe dela. Eu iria fazer meus horários e a comissão era alta.

Fiquei na dúvida porque ainda não havia resgatado uma boa relação com a família de minha mãe, além de não me considerar uma boa vendedora para entrar na residência de clientes com tão alto poder aquisitivo. Então, me ligaram da loja em que eu estava aguardando luz verde para começar como gerente, e disseram que eu havia esquecido de enviar o documento principal, minha carteira de trabalho.

Encarei esse esquecimento como um sinal, e iniciei o treinamento na empresa em que minha tia trabalha. **Estava percebendo claramente muitos sinais, muitas coincidências, muita sincronicidade, a ponto de não poder ignorar.**

Rapidamente me reaproximei de família de minha mãe. Estava sentindo muito medo de ficar em casa, ouvia portas batendo e muitos pesadelos, então comecei a dormir na casa de minha mãe ou em minha tia.

Lembrei que a taróloga havia dito que uma pessoa de dentro de meu círculo estava fazendo feitiços, mas ela garantiu que não eram direcionados a mim. Pelo menos não naquele momento em que ela havia aberto as cartas. Tomei coragem e agendei um tratamento espiritual no centro espírita que estava frequentando. Até ali, estava evitando maiores envolvimentos. Agendei para o mesmo dia, então resolvi sair cedo do trabalho, me despedi de todos, **e quando fui procurar o carro, não estava na vaga. Foi roubado e estava sem seguro há três meses e alguns dias, ou seja, completamente descoberto, porque eu estava sem dinheiro. Faltavam pagar quatro anos do financiamento.**

Me bateu uma confusão intensa: por que justamente no dia em que agendei meu tratamento espiritual isso foi acontecer? **Seria proteção divina ou castigo?** Resolvi pensar que Deus estava tentando me mostrar algo, e decidi que iria descobrir de qualquer jeito. Fui até a delegacia, registrei a queixa, pedi um carro emprestado para minha tia e fui direto para o centro espírita.

Cheguei lá no meio da palestra, perdi o tratamento, sentei, chorei muito, e quando me acalmei, comecei a ouvir o que o palestrante estava dizendo, e era uma parábola de um homem rico que havia perdido tudo. A moral da história era que chega um momento em que o homem precisa parar de somente pedir e passar a CONFIAR, falava em "teste de fé". Naquele momento recebi um "download", compreendi a mensagem, saí fortalecida, embora sem a menor noção de como iria ganhar dinheiro, afinal, sem carro, não seria possível trabalhar nessa empresa, visto que a exigência principal era justamente ter carro.

Estava muito envolvida em encontrar respostas do que significa estar aqui nessa vida. *No centro espírita kardecista que estava frequentando, perguntei o que fazer caso fosse realmente "macumba" em cima de mim. A resposta foi que "macumba não pega" e me orientaram a ler mais O Evangelho Segundo o Espiritismo, que era a única obra de Kardec, que naquele momento não me chamava a atenção porque era muito doutrinária. Mas comecei a ler todos os dias.*

Meu avô ganhou um carro de meu tio, irmão de minha mãe, e assim sendo, coincidentemente pôde me emprestar o carro dele antigo. Me pareceu mágico.

Mas logo virou perturbação, porque meu avô começou a fazer exigências, não queria me vender, queria me emprestar, estipulava horários e esquecia o que havia combinado, porque bebia muito e estava tendo lapsos de memória. (Hoje mora em uma "casa de repouso", pois está com alzheimer). Fui "levando", só usava o carro para trabalhar, ir ao centro espírita, parei de correr na praia para não demorar muito e entregar o carro cedo.

O pneu do carro dele furou algumas vezes e a chave quebrou dentro da ignição. Foi quando tive a certeza de que sim, havia "macumba" feita para mim. Cheguei a pegar o telefone e discar para dar um "esculacho" na pessoa "macumbeira" que a taróloga havia citado o nome (para minha proteção), mas **o telefone desligou sozinho bem na hora da ligação, nem consegui completar.** Eu quase não voltava mais para casa, mas ia lá buscar roupas de vez em quando e houve um dia que encontrei no chão um monte de cravos-da-índia. Nunca comprei cravo-da-índia e ninguém entrava em minha casa, ficava trancada. Mas a janela ficava aberta, porque tinha grade.

Minha amiga estava indo para São Paulo e ia para mais uma sessão com a mesma taróloga, pedi que ela tirasse cartas para mim, para ver o ponto de vista espiritual do que estava acontecendo em minha vida.

Ela confirmou que havia trabalho de magia negra direcionado para mim sim, mas garantiu que era pra eu "segurar firme" que o furacão iria passar e a ajuda viria no tempo certo.

Dentro do furacão havia alguns aprendizados ainda necessários, e posteriormente acessei em regressão que haviam carmas para "pagar" em relação à pessoa que me direcionou tais feitiços. Mantive uma boa relação com essa pessoa, **em primeira instância me recusei a acreditar que magia pudesse ser real, achei que fosse passar** se eu continuasse amiga dela. Mantive contato com ela como se nada fosse, acreditando que se continuasse a amizade ela veria que estava cometendo um engano e logo desfaria tudo o que fez. Fui ingênua. Acho até que estava mesmo "enfeitiçada" pela amizade.

No meio disso tudo, parei de fumar de um dia para o outro e comecei a sentir necessidade de comer feijão e sucos fortes de hortaliças verdes-escuras. Eram meus guias me intuindo.

Ainda não estava ganhando dinheiro, estava em treinamento. Esse trabalho me obrigava a desenvolver novas habilidades, fiquei bastante ansiosa porque todas as etapas da venda eram feitas por mim (telemarketing, agendamento de visita, demonstração na residência dos clientes, fechamento, negociação e treinamento). Então *aumentei a dosagem de cafeína e estava também viciada em energéticos. Durante o dia tomava cafeína e à noite, Rivotril.*

Conheci uma terapeuta que aplica Reiki, através de minha tia, que me deu uma sessão de presente. Foi mais uma bênção no meio do tornado, principalmente porque ela é psicóloga e médium espírita. Sempre ao final da sessão ela me dava retornos de acordo com aquilo que sentia. **O Reiki foi ajudando a equilibrar minha energia. Fiz esse tratamento durante um ano, uma ou duas vezes na semana.**

Era dezembro, e minhas orações eram fervorosas a respeito da existência de Jesus. Um dia, sem saber, minha terapeuta disse ao final da sessão: "Estou sentindo a presença muito forte de Jesus aqui hoje". Eu nem havia comentado com ela a respeito de minhas orações direcionadas a respeito de Jesus. Saí de lá muito emocionada. Já era um começo.

Uma amiga de infância, que morava na Argentina, fazia muitos anos que não a encontrava, estava indo para Salvador/Bahia, passar o natal e o réveillon. A escala do voo seria longa no Rio de Janeiro. Nos encontramos e ela me convidou para ir junto com ela conhecer Salvador. **Cheguei a dizer que não poderia, pois estava sem dinheiro. Mas meu amigo pediu para eu fazer um trabalho para a produtora dele e me pagou EXATAMENTE a quantia que eu precisava para não entrar no vermelho.**

Resolvi ir para Salvador tentar relaxar e curtir as festas.

Na primeira noite, eu e minha amiga estávamos caminhando da praia até o hostel, e de repente senti que deveríamos pegar um táxi, mesmo estando perto do destino. Minha amiga quis continuar. Insisti e dei uns passos para trás até um táxi, que estava parado em uma rua na frente a um boteco. Entramos no táxi e rapidamente **os assaltantes aproveitaram minha janela entreaberta e um deles colocou a mão, pegou minha carteira.** Fechei a janela, prendi a mão dele e comecei a bater nele após ver que ele estava drogado e sem arma.

Deu tudo certo. Chegamos ao hostel e logo tomei um Rivotril, entrei no banho intrigada e me perguntando se deveria ir embora imediatamente, **me questionava se deveria estar ali.** MAS, ao sair do chuveiro, *escutei minha amiga falando ao telefone na sala com alguém...* ela disse que o que SALVOU a gente do assalto foi minha *intuição.* **Entendi que havíamos recebido proteção através de minha intuição,** e hoje sei que foram meus guias. Fui dormir mais tranquila. Foi apenas a primeira noite.

Fiquei em Salvador dez dias, fui observando os sinais. Visitei o convento onde foi a última encarnação de Joanna de Ângelis, uma importante referência dentro do Espiritismo. A música da Bahia, o axé, me encantava, de arrepiar a cada show, as lágrimas caíam sem que eu pudesse controlar, a cada batida forte de meu coração com todo aquele batuque. A capoeira me encantou. Toda aquela cultura afro. Todas as noites no Pelourinho ao som de Olodum.

Estava agora curiosa pelo Candomblé, mas morria de medo, ainda não era o momento de estudar essa religião encantadora.

Dois dias antes do ano-novo, escrevi no papel uma lista de desejos para o novo ano, entre eles, continuar sem cigarro e aliviar meu coração. Tive algumas crises de medo lá, e por isso estava evitando álcool e tentava dormir cedo. Corria todos os dias.

No dia do réveillon, *minha amiga não voltou para o hostel como havíamos combinado,* nem me disse o que faria, então fiquei sozinha, portanto decidi ir para a festa do outro hostel, perto da praia do Farol da Barra.

Chegando lá tomei várias caipirinhas, me enturmei muito bem com o pessoal muito alto-astral. Energia boa e muito limpa. Perto da hora da virada, fomos todos para a beira do mar, no Farol. *E quando deu pertinho da meia-noite, fui dar um mergulho e fazer meus pedidos dentro do mar, fiz diretamente para Iemanjá, visto que lá só se falava nela tão bem.*

Quando estava saindo do mar, aparece um argentino em minha direção e pede para ler minha tatuagem das costas, e reconhece a música na hora em que lê. Começou a dizer que gosta muito da música, achei interessante porque nunca iria imaginar que um argentino pudesse conhecê-la (uma canção do Almir Sater e Renato Teixeira). Porém estava bêbada demais para reconhecer aquilo como um sinal. Ficamos conversando até que um amigo gay me chamou a um canto e disse que eu estava conversando com o homem mais bonito da praia. Eu nem havia reparado. Tinha uma amiga aparentemente interessada nele, tirando foto. Eu não estava nem aí, mas a verdade é que engatamos uma conversa muito profunda, porque vi um terço pendurado no pescoço dele, o terço mais lindo que já vi. Perguntei se ele acreditava em Jesus e ele disse que, independentemente de Jesus ter ou não existido, ele confiava plenamente na espiritualidade. Me contou a respeito da irmã dele que tinha a minha idade e cometeu suicídio no ano de 2007, a conversa não parou mais. Depois dançamos muito.

Não estava sóbria o suficiente para perceber que já estava apaixonada por ele. Transamos no mar e amanhecemos ali. Ele tinha de trabalhar (trabalhava no hostel da praia onde foi a festa) e eu tinha de dormir. Na noite seguinte ele foi dormir comigo e parecia que já nos conhecíamos há anos. Hoje sabemos que já estivemos juntos em outras existências, em uma delas fomos índios aqui no Brasil.

Na manhã seguinte voltei ao Rio de Janeiro. **Quando entrei no facebook dele, um *link* com a música de minha tatuagem havia sido postado por ele UM DIA ANTES DE NOS CONHECERMOS!** Comecei a trabalhar intensamente para poder voltar para Salvador logo. Estava contagiada pela magia daquela cidade.

Não conseguia mais ficar em casa. Me matriculei no curso do "Livro dos Espíritos" e me apaixonei mais ainda por Kardec. Porém não queria me envolver com religião. Estava envolvida pelas palestras, livros e passes.

Comecei a vender muito. Fui a Salvador mais uma vez em janeiro e depois no Carnaval. Me aprofundei nas pesquisas espirituais e, como em Salvador não encontrei terreiros de Candomblé abertos, pedi que um querido amigo de lá me levasse até a casa de uma mãe de santo para fazer perguntas e assistir a vídeos.

Pedi para o argentino vir morar comigo no Rio de Janeiro, ele aceitou. Fomos morar em meu apartamento totalmente "macumbado" (na linguagem de hoje eu diria que aquele apartamento mais parecia filme de mago Merlin, totalmente enfeitiçado com teias e aranhas etéricas por toda parte). Estava sem falar com meu pai e madrasta porque depois que meu carro foi roubado e fui trabalhar com vendas, ficou tudo muito esquisito entre nós, *era como se não batessem mais as energias*. Eles ainda moravam lá no prédio.

Comecei a vender tanto que **fui a melhor vendedora do ano**. Bati todas as metas.

Com minha nova compreensão a respeito da reencarnação e o porquê de estarmos na família em que estamos, fui conseguindo mudar o olhar. Percebi que meu pai estava ficando constantemente gripado, não o sentia feliz, e como havia minha irmãzinha, resolvi me reaproximar. Ele teve de ser hospitalizado com pneumonia bacteriana e, nesse período, vi o desespero de minha madrasta, então tentei dar suporte. Foi um susto que reaproximou a gente.

Eu e meu namorado estávamos sendo *perturbados durante o sono*. Logo meu pai saiu de lá e ficamos sozinhos no prédio e no terreno, que passou a ser meu, de minha irmã e minha mãe.

Nós dois íamos juntos para o curso do "Livro dos Espíritos" e palestras. Ele também começou a fazer sessões de Reiki. *Eu estava muito perturbada e bebendo muito.*

O carro de meu avô foi rebocado três vezes e eu estava tendo crises muito fortes. Meu namorado acordava sonâmbulo durante a madrugada para me dar passes da cabeça aos pés e, dormindo, ele dizia que havia alguma coisa errada ali. Estávamos brigando muito, e comecei a ficar bastante agressiva com ele.

Ele começou a trabalhar e percebia que eu precisava de acolhimento, via que tinha algo de errado. Eu o acordava no meio da noite com **crises de pânico muito fortes**. E o esquema do trabalho estava fortalecendo meu lado competitivo, acelerei demais e comecei a ficar muito egoica, tudo girava em torno do trabalho e dos resultados que tinham de ser sempre lá em cima, nunca menos que isso.

Capítulo 11

O Despertar

Enquanto meu pai estava no hospital, minha terapeuta me emprestou um livro dizendo que era para ele ler. Só que não achei que meu pai iria ler por ter um perfil rígido demais para esse tipo de leitura. O livro era *Cartas de Cristo*, que é uma psicografia. Encarei como se a intuição dela tivesse vindo para a pessoa errada, então eu mesma comecei a ler.

Nas primeiras páginas do livro meu medo cresceu, mas ao mesmo tempo meu coração reconheceu como sendo verdade. **Apesar do medo enorme que o conteúdo despertava em mim, continuei a leitura.** Fiquei tão envolvida, que levava o livro para todos os lugares. *O medo batia porque o conteúdo do livro começou a desconstruir todas as crenças que me foram passadas na primeira infância. Não podia mais voltar atrás.*

Meu avô começou a ficar muito esquisito, os lapsos de memória mais frequentes e a agressividade constante. Tentava me controlar através do empréstimo do carro. Houve um dia em que literalmente explodi em um rompante de controle dele, e nem pude ir trabalhar porque perdi completamente meu equilíbrio. Fui para casa e escrevi uma carta enorme para ele, pontuando todas as merdas que ele já havia feito durante a vida toda com toda a família, dizendo que o amava muito, mas que certas coisas deveriam ser ditas, pois essa situação em que nos encontrávamos estava longe de ser por acaso. Ele acredita em reencarnação, então pude passar meu ponto de vista com a intenção de que ele não se perdesse no apego e na mesquinharia. Não entreguei a carta naquele momento.

O livro *Cartas de Cristo* estava me mostrando uma realidade nova, e em todos os lugares recebia uma avalanche de sinais

que comprovavam a veracidade do que lia. E ao ler as instruções de Jesus sobre meditação e a importância da meditação para manter o equilíbrio da mente, quis aprender a meditar. Mas não conseguia sozinha de jeito nenhum. Então, comecei a pesquisar sobre retiros e cursos.

Estava focada em Jesus. Agora só assistia a filmes e documentários sobre a existência dele.

Um amigo me recomendou o retiro de meditação Vipassana. Me inscrevi para o curso de dez dias. Bastou responder a um questionário e enviar, que logo me convidaram para participar. É um curso no qual ensinam na prática essa técnica de Buda, e ao longo dos dez dias, além da técnica, se aprende sobre a vida e passagens da vida dele. É necessário ficar em voto de silêncio durante os dez dias.

Antes do curso ainda havia alguns dias, então aproveitei para terminar o livro e relê-lo para absorver o máximo que pudesse, pois no retiro não são permitidos livros nem celular, absolutamente nada que venha a distrair a mente. Somente meditar, se alimentar nas horas certas, meditar, descansar, meditar, ouvir as palestras noturnas, meditar e dormir.

Me dei esse curso de presente de aniversário. Antes de ir, entreguei a carta para o meu avô.

A experiência lá foi surpreendente. Logo que entrei no ônibus, me sentei ao lado de um homem que também estava indo para lá, e ao longo da conversa, ele me disse: *"Pois é, Daphine, quando você abre o terceiro olho, tudo é mágico, você vê a mágica da vida. E é assim, ou você vê tudo como mágico, ou quando você não conseguiu abri-lo ainda, acha que todas as pessoas que veem a mágica são loucas e chatas".* Eu estava com medo de me tornar louca e chata.

Chegando lá na rodoviária, dividimos o táxi com mais um rapaz, que já era meditador Vipassana. Aproveitei para pedir orientações. Eu estava morrendo de medo. Ele disse que a realidade que eu via nunca mais voltaria a ser a mesma, porque o que eu via não era real, era ilusão, e que Vipassana iria me ajudar a ver a realidade como ela é, não como eu gostaria que fosse, nem como não fosse, mas como ela é, aprenderia uma técnica que me faria viver no presente. Coisa que eu pensava que fazia, então achei ele muito louco, ao invés de me ajudar estava provocando mais medo. Era um medo igual ao que senti ao saltar de paraquedas, completamente solta, sem ter onde me agarrar. Entregue. Mas ao chegar lá no retiro tudo piorou.

Vi um monte de gente bicho-grilo, um local simples. Eu tinha certeza de que seria extremamente difícil, mas agora minha missão era aprender a meditar, e era a meditação que Buda praticava, um mestre tão interessante.

Primeiro dia, voto de silêncio total. O "nobre silêncio" que em minha cabeça estava longe de ser nobre, quando percebi que minha mente não calava a boca!

Nos três primeiros dias a orientação era simples: focar nas sensações em volta do nariz e da boca. Somente isso. Mas, com essa simples tarefa, olhava em volta e via gente chorando, gente rindo, gente bufando, gente cochilando, vi de tudo. Tive inúmeros acessos de raiva e de choro intensos. Era um sofrimento. Mas consegui entrar em estado meditativo logo. Fui seguindo exatamente o que era orientado e, **se era para libertação do medo, eu iria até o fim!** Durante os dez dias, fui a única das mulheres a acordar às quatro da manhã e ir direto para o banho. Concluí o curso com muita disciplina, apesar de tudo.

Na terceira noite, durante a madrugada, acordei no susto com o coração disparado, na boca, como nunca havia sentido antes, pesadelo, tremendo, passando muito mal. Cheguei a sair do quarto e ir em direção ao quarto da supervisora, mas decidi ficar na grama e tentar me acalmar, eu pensava: "Daphine, você é uma irresponsável, vai morrer aqui mesmo, nesse fim de mundo, sem telefone, com esses bichos-grilo e essa técnica maluca de Buda... cara... Buda veio em uma missão... ele se preparou várias vidas para chegar a se iluminar... você tá é muito louca de querer ser Buda". **Fiquei muito preocupada comigo mesma, que a essa altura já estava em conflito com a ideia da iluminação. Eu definitivamente não queria me iluminar. Mas na verdade esses eram meus pensamentos já brigando para não me manter ali e desistir. Meu ego estava desesperado porque uma boa parte dele morreria ali mesmo.**

Quando já estava mais calma, lembrei do que o meditador Vipassana havia me orientado: "Aconteça o que acontecer, não desista, deixe limpar, é limpeza! Em minha primeira vez senti muita dor no estômago, tive de chamar ajuda, mas não desisti e hoje estou curado". Então rezei, me acalmei e voltei a dormir.

Acordei bem e durante todo o dia busquei observar as pessoas. Percebi que minhas colegas de quarto estavam com as fisionomias péssimas. Uma delas estava nitidamente doente. As aulas noturnas indicavam que sim, **estávamos no meio de uma verdadeira "cirurgia da mente"**. Mexendo cada um em suas feridas mais profundas do inconsciente, que nos levavam a reagir tão fortemente no medo, na raiva, no que fosse.

No quinto dia, estava me sentindo muito bem, até que, durante a meditação da manhã, me veio subitamente uma raiva profunda, muito profunda. Um verdadeiro bloco de raiva. Não podia tomar nenhum tipo de medicação. Até aproveitei a abstinência e **depois dali nunca mais voltei a tomar Rivotril nem cafeína.**

Aquela raiva me consumiu, e não suportei voltar até a época em que tinha 15 anos, em que tive a grande e única crise de psoríase que tomou todo o meu corpo. Era raiva de tudo. Então **decidi que iria desistir do curso**. Estava tudo emergindo como se estivesse acontecendo ali naquele exato momento! Resolvi que ia esperar a palestra noturna e até lá tentaria me acalmar.

Após o almoço, sentei-me na cama para tentar meditar. Uma colega de quarto também estava em sua cama, de frente para mim, também meditando. **Senti uma forte vibração por todo o meu corpo, que logo suavizou, e me restou uma sensação diferente, do lado direito posterior da cabeça e ouvido abriu uma luz e senti a presença de alguém. Meu coração disparou, senti medo, mas fui tentando manter o equilíbrio da mente. Algo estava de fato acontecendo, e eu me perguntava se estava louca. Fiz mentalmente a pergunta: "Tem alguém aí?", e senti um acenar de cabeça. Uma forte presença masculina.**

Então perguntei: "Quem é? Meu anjo da guarda? Mentor?", e ele respondeu com uma voz muito assentada, marcada e muito serena: *"Pode me chamar como quiser"*. Fui percebendo que estava tudo bem e iniciamos uma conversa. Ele me mostrou em gráfico meu esquema familiar, posicionou todos, minha irmã, meu pai, minha mãe, meus tios, avô, todos. **Foi explicando que todos realmente temos uma programação com a qual nos comprometemos antes de vir. Falou algumas coisas pertinentes para que eu conseguisse compreender o lado de cada um deles, o que girou basicamente em torno da dificuldade de cumprimento das programações.**

Foi com muito amor que ele falou o que veio falar e silenciou. Pedi-lhe para não me deixar e ele me autorizou a fazer algumas perguntas, então as respondeu, uma a uma.

Referente ao meu lado profissional, ele disse que *seria sozinha* e que era para eu não temer, pois *a ajuda viria no caminho*. Comecei a chorar muito, feito criança (por dentro), e a dizer: **"Sozinha não posso! Não consigo!!! Preciso de ajuda!!!"**. E ele apenas disse que a ajuda viria no caminho, que não deveria me preocupar em salvar as pessoas, pois isso seria impossível e era uma crença que estava me atrapalhando. Repetiu a seguinte frase três vezes: *"A humanidade caminha a passos muito curtos"*.

Após aquele contato fiquei chorando compulsivamente e me isolei no alto do morro, encolhida chorei por muito tempo, com medo do que ele havia dito da solidão.

Fiquei no curso até o fim por recomendação dele. Posso afirmar que **50% de meu medo se foi ali** (o restante que faltava foi liberado com apometria, desobsessões e regressões). E ter finalizado foi maravilhoso principalmente porque ao final do voto de silêncio pudemos todos trocar experiências, e realmente houve muita limpeza, teve uma moça (que chegou a ser minha paciente e hoje é minha amiga) que se assustou com a experiência de sair do corpo e se ver de cima (desdobramento). **Foi uma experiência que me mostrou que, por trás da dor, há ensinamentos e respostas.**

Nunca mais voltei a usar Rivotril e cafeína, não necessitei mais de qualquer acompanhamento psiquiátrico. Não sou contra, apenas encontrei outras respostas para o meu caso. As respostas e as ajudas foram realmente aparecendo como mágica no caminho. Retornei a esse retiro um ano depois para mais dez dias em silêncio e a experiência foi diferente, porém igualmente transformadora, pois a essa altura já estava desenvolvendo minha mediunidade e meus guias espirituais fizeram contato, e um deles se apresentou como sendo o caboclo sete-espadas.

Mas vamos retornar ao término dessa primeira experiência no retiro.

Um sinal muito simpático do Universo se deu em meu aniversário. Saí do retiro sem nada, doei até minha mala, com tudo o que havia dentro. Fiquei na dúvida se doaria meu creme hidratante novo e meu cobertor de meditação. Acabei sim exercitando o desapego e doando tudo. Na semana seguinte, foi meu aniversário e **ganhei não só o mesmo creme que havia doado, como o *kit* completo da mesma marca!** E não parou por aí... **ganhei a mesma manta de meditação, só que de outra cor.** Fiquei muito feliz e grata ao Universo por essa prova de carinho nas mínimas providências.

Então, vamos seguir, porque o mais importante ainda está por vir!

Voltei e confesso que senti dificuldade em relação ao barulho da vida real. No trabalho voltei ainda mais focada, com um excelente desempenho. Continuei a disciplina da meditação. Encontrei dificuldade em relação a como agir agora que recebi tantas informações sobre minha família. Faltava ainda trabalhar muito para conseguir ficar em paz e consequentemente passar paz.

Lá em casa ainda estava sentindo perturbações. Continuei forte, porém agora estava extremamente raivosa, porque enxergava o mundo diferente e percebi que tudo estava muito fora do eixo nas pessoas. O Facebook era prova disso.

Percebi como ia ser duro para me transformar em alguém diferente do que sempre fui, e a baixa vibração das pessoas começou a me incomodar. No trabalho, comecei a ficar intolerante. Cada vez mais focada nas vendas e no bom tratamento aos clientes. Percebi com extrema clareza o baixo comprometimento da empresa com a qualidade dos serviços, uma completa desorganização. **Comecei a realmente querer "fazer justiça" e lutar contra o "mal". Mas com certeza aquela forma não foi correta, e me trouxe consequências ruins.** Muito ruins. Hoje vejo que foi muito bom e necessário para o meu amadurecimento. Se não é pelo amor, é pela dor mesmo.

Estava ganhando muito destaque nas reuniões da empresa, sendo reconhecida pela diretoria, dando discursos sobre o bem, minhas novas descobertas morais, incentivava as pessoas a não sentirem inveja, tentava mostrar que há espaço para todos, e pedia para que não houvesse tanta competitividade. Dizia tudo isso porque estava disposta a trabalhar em equipe, mas aquele esquema despertou o pior de mim, e **dentro de minha enorme sombra existe uma enorme competitividade e vontade de vencer.** Então, acabei um dia "explodindo" com uma vendedora "mau caráter", e na tentativa de ser a justiceira, atraí mais uma magia negra, na verdade não sabia com quem estava lidando. Nunca sabemos com quem estamos lidando de verdade, por isso não devemos reagir, mesmo quando estamos certos. Devemos cuidar sempre com a forma. CUIDAR PARA NÃO MACHUCAR O EGO DAS PESSOAS.

As coisas começaram a ficar muito piores para mim. Além das perturbações dentro de minha casa, meu cachorro ficou doente, meu namorado dormindo sonâmbulo falava ainda mais coisas e dava ainda mais passes, **parei de vender**, os clientes não me atendiam, me destratavam, em uma proporção preocupante, **o carro quebrou tantas vezes que o mecânico chegou a dizer brincando que eu estava "macumbada", e comecei a ficar sem energia nenhuma. Me cansava à toa.**

Um pouco antes disso tudo, uma amiga que fez o curso de meditação comigo aceitou meu convite de vir trabalhar em minha equipe. O treinamento dela um dia foi dado na empresa sem que eu estivesse presente, pela mesma vendedora com quem eu havia explodido e dito algumas verdades. Depois desse treinamento, minha amiga não quis mais voltar a trabalhar, achei muito estranho porque já havia a alertado a respeito do esquema egoico da empresa. Éramos amigas e ela estava muito interessada no trabalho.

Insisti muito e ela acabou dizendo que, naquele dia, a vendedora que deu o treinamento tinha uma energia muito carregada e a fez passar mal o dia inteiro. Quando ela chegou em casa, seu filhinho pequeno olhou para ela e disse: *"Mamãe macumba! Mamãe macumba! Mamãe macumba!"*.

Achei tudo aquilo surreal. Mas fui juntando tudo, o que a taróloga disse, as perturbações, e agora, **minha vida não estava só parada, mas sim indo por água abaixo.**

A notícia boa foi que meu avô resolveu me vender o carro. Parou de beber radicalmente quando o médico disse que ele poderia estar com início de Mal de Alzheimer.

Eu estava sem vender e então meu namorado me ajudou a comprar. **O carro quebrou outras inúmeras vezes. Tudo começou a decair de verdade. Era fim de ano e me esforcei ao máximo para que ninguém percebesse, porque meu ego estava completamente ferido por estar passando por aquela situação de forma impotente. Eu não podia lutar porque as forças que estavam contra mim eram invisíveis e covardes.**

A vendedora que fez a magia começou a vender igual a mim, tomou meu lugar, e eu parei completamente. Meu desempenho foi a zero.

Minha amiga da meditação me indicou uma moça que faz leitura de aura. Liguei e agendei um horário para mim e meu namorado.

Vou falar sobre o que é a Leitura de Aura mais adiante, o importante agora é saber que nessa primeira sessão foi confirmado e eu teria de **desfazer** os trabalhos de magia negra. Foi a primeira vez que tive acesso a vidas passadas, fiquei realmente impressionada com esse trabalho. Saí de lá com mudanças já prontas. No campo áurico se encontram todas as informações a respeito do funcionamento de nossos chacras (centros distribuidores de energia do corpo) e vidas passadas, que influenciam nossas vidas atuais.

O importante é saber que, nesse momento, eu não fazia ideia de que era necessário, e crucial, **desfazer** os trabalhos de magia endereçados a mim. Não fazia parte de minha realidade. Dedicarei mais adiante um espaço para falar sobre a magia branca e a Umbanda, e tudo isso ficará mais claro.

Era fim de ano e todos os locais que desfazem trabalhos de magia negra ficam fechados até o Carnaval. Não adiantava centro Kardecista porque, infelizmente, em sua maioria não acreditam ou negam a existência de magia, e muito menos consideram necessário desfazer algo que, segundo eles, não tem poder. Torço para que essa visão mude com o tempo, porque magia é o conhecimento mais antigo que existe no mundo. Para melhor conhecimento desse assunto, o leitor pode pesquisar sobre a Raça Atlante, como e por que ela foi extinta.

Eu também não acreditava em magia, mas também não posso negar que meus pensamentos, hábitos e minhas sintonias de vidas passadas contribuíram para que elas "pegassem", criassem ressonância de forma tão agressiva. Tudo também é questão do que vibramos e emitimos em nível inconsciente, depende de sintonia e envolve a questão cármica. Quando falo em carma, me refiro à lei de causa e efeito, eletromagnetismo, pensamentos e emoções em desequilíbrio, reatividade, lei que nos rege aqui e regeu em vidas anteriores, que estão entrelaçadas. **Nesse meu caso específico, tratou-se sim de um "ajuste de contas kármico", uma necessidade de aprendizado através dessas magias. Já trabalhei com magia em**

vidas passadas e envolvi essas pessoas, por isso na verdade tive de trabalhar o perdão, por ser uma questão de memória de espírito para espírito. Em Apometria, pedi perdão para os espíritos delas.

Nesse momento eu não estava nada bem. **Saía de casa me arrastando,** mas tudo o que foi dito na leitura de aura me ajudou a compreender e ter consciência do que estava acontecendo, então eu estava tirando de meu íntimo o máximo de forças que podia, para continuar a vida normalmente.

Até que, em janeiro, meu namorado foi cortar o cabelo, e a cabeleireira era médium umbandista, ele ficou sabendo disso ali no momento em que estava cortando. Fui até lá cortar o cabelo e conversar com ela.

Enquanto ela cortava meu cabelo, incorporou um caboclo, que me deu um passe e cuspiu no chão. Achei a coisa mais esquisita! Na verdade, eu estava cheia de medo e preconceito. **Geralmente julgamos e criticamos tudo o que não conhecemos de verdade. É uma limitação nossa.** A filha da cabeleireira também é médium e foi lá ficar com a gente. Posteriormente trabalhamos juntas no terreiro de Umbanda. Quando o caboclo se foi, elas duas me explicaram que realmente a coisa estava pesada para o meu lado. E que **havia mais de dois trabalhos feitos, de pessoas diferentes, e que uma dessas pessoas era muito íntima minha, que continuava se passando por amiga. Definitivamente eu já sabia quem eram!**

Agora era preciso com urgência **desfazer.** Elas ligaram para outra médium e marcaram de ir à noite em minha casa. Fui orientada a comprar charuto e cachaça. Mais à frente irei explicar por que a Umbanda utiliza bebidas alcoólicas, charutos, cachimbos, velas, ervas, banhos, defumadores, dentre outros instrumentos de trabalho.

Estava aversiva a comprar charuto e cachaça porque não achava isso coerente, ainda pensava na possibilidade de serem "demônios" ou espíritos inferiores. Mas comprei sim, e as aguardei ansiosamente.

Elas chegaram e a médium incorporou o Exu Tiriri. Perguntei se podia gravar a conversa, ele permitiu. A primeira coisa que ele fez foi olhar minhas mãos, e disse: *"Filha, sei que você pode ainda não entender muito bem, mas a filha é médium. E você só está de pé hoje porque seu povo está contigo e estão querendo trabalhar. Você quase ficou louca, mas não vai ficar, tem muita gente de luz com você. Isso afetou todas as suas relações. Aos poucos, tudo voltará. Mantenha a calma e deixe que eu resolvo. Meu nome é Tiriri, você pode me chamar quando precisar".*

Não fiquei assustada, na verdade ele é uma entidade que passa muita firmeza e segurança, eu sabia que tinha uma sensibilidade diferente para determinadas questões, principalmente em consultório com pacientes. Sei que conseguia captar mais a fundo e organizar as mentes com muita facilidade, como se fosse um dom. E claro que mais adiante fui descobrir que sim, vim com um dom e uma escuta diferenciada para poder ajudar as pessoas, e ajudar na linha de cura. Mas a sensibilidade naquele momento estava mal canalizada, e meu campo estava aberto, o que facilitava a entrada de espíritos obsessores.

Seu Tiriri disse exatamente como foram feitos os trabalhos, e confirmou quem eu já sabia que eram. Explicou todas as intenções, razões e pedidos por trás de cada trabalho feito. Estavam sendo feitos há pouco mais de um ano, e esse que veio de meu trabalho era o pior de todos porque foi feito com animal de quatro patas e sangue, com a intenção de me fazer adoecer e parar de trabalhar. Todos os outros foram feitos pela pessoa com quem eu tinha grande intimidade, inclusive tinha o hábito de beber vinho e falar de minha vida inteira. Trabalhos feitos para eu perder a sanidade, para acabar com meu relacionamento e atrapalhar minhas conquistas.

Se a ajuda chegou até mim é porque era para chegar. A misericórdia divina é abundante para todos, só não recebe quem não está aberto.

Ele disse: *"Continue levando sua vida, o que é seu é seu, o que é delas, é delas".*

Havia trabalho feito lá em meu terreno e dentro de minha casa.

"Não sinta medo, nem sinta raiva, sinta compaixão, pois, para elas fazerem isso, é porque já chegaram ao fundo do poço. São pessoas que rastejam."

Isso é energia de Exu. Eles são de extrema importância porque vão lá na baixa vibração e ajudam a gente. Eles fazem o "trabalho sujo". Afinal, estamos em um planeta onde impera ainda a baixa vibração. Quem diz que Exu é o diabo e demônio está enganado. Quem se passa por Exu e faz trabalho de magia negra é porque não é Exu de verdade, é espírito trevoso que se passa por Exu. Mas esse tipo de coisa acontece porque, para incorporar espíritos de luz, o médium precisa ter moralidade e vibração para mantê-los por perto, caso contrário eles se afastam e quem se aproxima são os zombeteiros.

Nas próximas noites, lá em casa, ouvi vassouras varrendo, portas batendo e janelas se abrindo. Mas dessa vez sabia que era uma limpeza sendo feita pelo Exu Tiriri e sua equipe espiritual.

Na Umbanda de verdade, todos os trabalhos são feitos sem cobrança, é sempre caridade. Não paguei nenhum centavo. Fiz todos os rituais, tomei todos os banhos de ervas, sempre com o pensamento firme no bem, na luz e no amor.

A médium teve alguns impedimentos pessoais e então o último trabalho de magia que foi feito com animal de quatro patas não foi desfeito naquele momento. Tive de aguardar o término do Carnaval, e então, em março, fui até a Casa de Padre Pio, uma casa espiritualista que me foi indicada durante a Leitura de Aura.

A vida já havia melhorado muito em relação à perturbação noturna. Agora faltava ter minha energia de volta e voltar a vender. Busquei continuar a mesma pessoa, mesmo sabendo que quem tinha me direcionado essa "covardia" ainda se fazia de amiga e sonsa. Mas enquanto me vitimizei, continuei presa a elas em pensamento. Estava confusa, sentia muita raiva e desgosto. Por que não resolvem "cara a cara"? **Até que eu não aceitasse as diferenças, e continuasse odiando a mentira excessivamente, me mantinha presa à vingança, mesmo que fosse por pensamento e em nível inconsciente, isso não importa, porque energeticamente estava conectada à vibração delas.** Na verdade eu tinha um padrão de aversão à injustiça por conta de experiências fortes vividas em vidas anteriores e muito recentes, o pote de raiva e reação ainda era enorme, por mais que meu coração fosse muito bom, de nada adiantava diante da reatividade.

A empresa toda estava vendendo, eu ali, tentando trabalhar a humildade e o perdão. Meu ego gritava por dentro, de raiva. **Alimentava raiva, mágoa e rancor. Não era capaz de fazer nada, mas fazia em pensamento. E isso me prendeu a essa situação por muitos meses depois de desfeita a magia. E ainda atraí novas magias, mas não vou falar sobre elas aqui, porque hoje já consigo identificar antes que elas se instalem e causem danos maiores. Aquelas magias iniciais, às quais me refiro aqui neste livro, fizeram estrago porque me pegaram desprevenida e sem defesas. Serviram para o bem, me trouxeram para a Luz.**

Quando eu e meu namorado fomos desfazer o último trabalho que faltava, tomamos os banhos de ervas e de pétalas de rosas brancas, despachamos no mar. Como se fosse mágica mesmo, meu telefone começou a tocar, os clientes começaram a vir, as vendas começaram a disparar e naquele mês vendi como NUNCA antes, mais que todos, mais do que eu mesma podia esperar de mim. Bati meu próprio recorde.

Porém, não me dei por satisfeita. Por dentro agora era a hora de mostrar meu poder. Eu queria "esfregar na cara" o tamanho de minha luz. Enquanto fiz isso, quem tomou na cara fui eu, porque quando você quer guerra, é guerra que o Universo te dá.

Precisei de ajuda para enxergar que inconscientemente, mesmo que falasse em luz, estava motivada pela vingança de todos os meses que fiquei parada e impotente, pelo carro roubado, pelas confusões e transtornos. Me sentia uma idiota quando via a cara de pau delas.

Continuei indo às sessões de leitura de aura, e frequentei a casa espiritualista para me firmar espiritualmente e fazer tratamentos espirituais. Agora já não era mais necessário o centro kardecista. Estava frequentando inúmeros grupos, palestras e nesse novo centro tomava passes magnéticos.

Mas não estava conseguindo perdoar e esquecer o mal que me fizeram. **Ali vi o que é ter "inimigos" e um tipo de hipocrisia que nunca pensei em conhecer. Não seria nada fácil amá-los. Sozinha eu não iria conseguir. Fui então encaminhada para a Psicoterapia Reencarnacionista, porque toda essa situação ativou algumas sintonias de vidas passadas, de onde trazia uma carga gigantesca de raiva, medo e sede por vingança.**

Fui encaminhada para o trabalho de Apometria também. Estava sendo necessário um tratamento mais profundo porque *eu queria guerra*; mesmo que meu coração fosse muito bom, eu não estava conseguindo desejar o bem delas. Queria fazer justiça. Aquela covardia estava me matando por dentro. Então aceitei todas as ajudas e fui em busca.

Tive muito medo, mas era preciso confiar, era preciso buscar algo novo, que realmente pudesse tocar lá no fundo, no inconsciente, onde tudo está acontecendo dentro de nós, um lugar onde tempo e espaço não existem.

Capítulo 12

Que o Novo Seja Sempre Bem-Vindo!

Ao longo de nossas vidas, vamos atraindo pessoas e situações que nos oportunizam trabalhar padrões antigos, aos quais geralmente estamos tão acostumados e confortáveis, que nem percebemos o grau de nossa própria alienação. O pior é que vamos acreditando que o problema está nos outros. **Geralmente tudo aquilo que mais nos incomoda e com que temos dificuldade, é justamente aquilo que viemos trabalhar.**

O raivoso veio para trabalhar sua raiva. O medroso veio para trabalhar o medo. Atrairá situações e pessoas, que servem de "gatilhos", os quais dispararão esses sentimentos em nós, justamente para nos oportunizar a trabalhá-los.

A essa altura, **eu havia parado de beber e fumar.** Entendi o que esses maus hábitos fazem em nossos corpos energéticos. Qualquer tipo de droga abre buracos nos corpos sutis de energia, o que automaticamente abre brechas para ataques não só de seres trevosos, como de elementais e formas-pensamento, que nos casos de magia são mobilizados e direcionados contra o alvo. Falarei sobre isso mais adiante.

Entendi a gravidade que o álcool e outras drogas representavam também ao acessar minhas últimas vidas, onde tive internações e mortes severas. Não foi ao acaso que vim para essa vida com traços de dependência, compulsão e medo da loucura. Desde que entrei na faculdade já sabia que queria ser especialista em Dependência Química (o que já fazia parte de meu resgate). Porém, do ponto de vista espiritual, qualquer profissional que queira ou intencione trabalhar em clínicas de reabilitação deve se manter sempre fortalecido em tratamentos, se preciso. O que a maioria não faz.

Minhas primeiras regressões foram as chamadas **regressões de desligamento**, nas quais se acessam os momentos mais impactantes de alguns desencarnes dolorosos – guiados por nosso mentor – porque é sabido que em nível inconsciente muitos de nós estamos ainda sintonizados nesses momentos de outras encarnações, e por isso não há risco nessa técnica especificamente. Parte-se do pressuposto de que a pessoa já está no passado, sintonizada lá, e que a regressão a libertará. O tempo e o espaço existem somente na terceira dimensão, para que possamos através da linearidade conseguir aprender, com início, meio e fim, porém é uma ilusão. **Sempre estaremos sintonizados em vidas anteriores, isso é normal, faz parte, somos um conglomerado de vidas.**

Os casos de curas instantâneas são inúmeros. Eu não acreditava que pudesse ser verdade, porque havia escutado muitas histórias de regressões que estragaram as vidas de muitas pessoas. Porém, a Psicoterapia Reencarnacionista é uma nova técnica, que respeita a lei do esquecimento, e por isso deve ser guiada pelo mentor espiritual do paciente que deita, e o terapeuta deve estar muito bem treinado e preparado para fazer o auxílio. Falarei sobre isso mais adiante.

Fui a cada regressão conseguindo inicialmente acessar muitas cargas de raiva e medo. Meus padrões giravam em torno dessas duas emoções. Realmente impressionante como aquelas sintonias e registros de vidas passadas estavam comandando minhas reações. **Aquelas personalidades que meu espírito já foi em outras vidas estavam mais atuantes do que minha própria personalidade atual. Sem que eu tivesse consciência.**

Geralmente nosso mentor não nos permite identificar personagens que estão hoje conosco, mas quando é para nos ajudar a tomar consciência de algo e para nos ajudar a nos equilibrar diante de algo ou alguém no aqui e agora, eles nos mostram sim.

Consegui identificar meus pais e familiares em algumas poucas vidas, somente para compreender alguns pontos muito importantes e necessários, que me traziam muito sofrimento no relacionamento dos dias de hoje.

Também iniciei o trabalho apométrico, onde meus vários corpos foram acessados em desdobramento astral. Os médiuns da mesa foram veículos que auxiliaram na limpeza, liberação e tratamento espiritual das vidas anteriores que ainda estavam acontecendo no pano de fundo de meu inconsciente. Nesse trabalho, na maioria das vezes são localizados, trazidos para a mesa e encaminhados para tratamento muitos espíritos desencarnados que por alguma razão ainda se encontram sintonizados e conectados conosco. Também é feita a restauração dos corpos astrais danificados, e, se necessário, cirurgias espirituais. O trabalho é feito pelos cientistas, médicos, psiquiatras, neurocientistas espirituais, colaboradores da Luz para o avanço e progresso do Planeta. O objetivo principal da maioria desses irmãos desencarnados era me enlouquecer.

Temos acesso a isso tudo hoje de forma muito segura, trabalhos feitos com muita ética, seriedade, comprometimento, caridade e profissionalismo, em muitas casas espiritualistas. São instrumentos necessários de que dispomos hoje, principalmente nesse momento de transição planetária. Hoje em consultório encaminho meus pacientes para tratamentos nessas casas, principalmente para a Apometria, tratamento que considero essencial.

Com todos esses tratamentos e minha total determinação, disciplina e entrega, fui rapidamente, em um período curto de dois anos, mudando drasticamente minha vibração. A guerra já não me interessa, nem remoer rancor, nem envenenar os ambientes com minha dificuldade de perdoar e aceitar as coisas como são. Fui indo e ainda vou, até as raízes de minhas reações, o que somente com a meditação não poderia fazer. Até hoje faço terapia com regressão porque sempre vamos ter padrões para trabalhar, ainda mais quem trabalha com psicologia e espiritualidade, sempre temos o que trabalhar em nós. A vigilância deve ser constante, até porque recebemos muita carga negativa, é preciso limpar.

Comecei a estudar uma técnica chamada Cura Prânica, que é oriental e se trata da limpeza e energização dos centros de energia do corpo, os chacras. É uma técnica que abrange curas físicas e emocionais, pois além de trabalhar com a energia vital em cores (prana colorido), desintegra elementais da Natureza e formas-pensamento negativos. Pode ser considerado um trabalho de magia branca, é realizado através dos comandos mentais dados pelo terapeuta que estudou e tem o domínio da técnica. Essa técnica difere do Reiki e de tantas outras. Não trabalha com símbolos, trabalha com comandos mentais e cores. As cores são devidamente dosadas em tons diferentes dependendo da necessidade de cada paciente, e cada chacra, assim como cada parte do corpo, serão avaliados pelo terapeuta e trabalhados de acordo com essa avaliação.

Mas, como toda e qualquer técnica, deve vir acompanhada de conscientização da parte do paciente, que deve fazer um esforço constante em modificar seus padrões e hábitos de comportamento e pensamento nocivos, negativos. Eu diria que nenhuma técnica isolada é tão eficaz quanto uma rede de profissionais atuando juntos, sou a favor de diferentes abordagens juntas. O querer do paciente está sempre em primeiro lugar, com sua força de vontade e determinação em prol de sua própria transformação. *Se ele não modificar suas estruturas mentais, de nada adiantará a técnica, seja qual for, a longo prazo retornará ao esquema doente.*

Conforme fui me limpando, percebi que minha vibração já não era mais compatível com aquela empresa. Não conseguia ficar lá, me sentia mal fisicamente. Achei até que fosse besteira minha e me forcei a ficar, limpava o ambiente, aplicava cura em quase todo mundo, mas realmente estava ficando esgotada. Já não aguentava mais, foi quando percebi e fui orientada de que precisava da proteção de uma Egrégora.

Quando frequentamos igrejas, templos, centros, lá estão também muitos seres de luz guiando, protegendo, intuindo, orientando, dando suporte, limpando e trabalhando em prol daqueles que ali estão com o coração aberto. Há fortes egrégoras específicas trabalhando nesses locais. Assim como há egrégoras que trabalham para o lado oposto.

Sempre tive aversão a me envolver com religião, não me imaginava fazendo parte de um grupo novamente, como o fiz até meus 17 anos. Tentei evitar o máximo que pude. Agora frequentava o terreiro do Exu Tiriri (onde também trabalhei mediunicamente pelo período de um ano) e a casa espiritualista que desfez a última magia e que prioriza muito os estudos. Inicialmente apenas como consulente, na assistência.

Precisava colocar meus dons a serviço da caridade e obter a proteção de uma Egrégora específica, a fim de me desenvolver e posteriormente trabalhar mediunicamente.

Quando nossos dons começam a aflorar é preciso, e essencial, que encontremos um local onde nos sintamos confortáveis, da caridade e da luz. Porque não podemos nos isolar, ao fazê-lo, corremos um forte risco de animismo e de começarmos a nos sintonizar com desencarnados que também visam trabalhar isolados. Estamos aqui para trabalhar em conjunto, nos ajudando a crescer, ninguém está aqui para evoluir sozinho. **A evolução é individual, mas se dá no coletivo.**

Pode até haver um período necessário de isolamento, mas o objetivo dentro da espiritualidade é agir no Todo, aceitando as diferenças, ao invés de afastá-las. Em um mundo onde se fazem necessários altos e baixos para os aprendizados acontecerem, é natural errar, cair. Para se levantar sozinho fica difícil, mais fácil enxergar e receber ajuda estando em um grupo.

É por isso que sempre em um local de reunião, seja igreja ou templo, sempre haverá mais poder e força do que na casa de alguém. Justamente porque a Egrégora se firma no local onde são feitos os tratamentos. E a partir do comprometimento com essa egrégora, os membros estarão protegidos por ela, para caminhar em todo tipo de ambiente sem serem atingidos desnecessariamente. **Caso não estejamos trabalhando como médiuns em algum local, que pelo menos nos cuidemos em alguma casa. O importante é sermos cuidados, entendermos que se trabalhamos na luz seremos atacados, e, portanto, precisamos nos limpar para preservar nosso equilíbrio.**

Assim, retornei à minha profissão. Agora, estando totalmente pronta, comecei a escrever, atendo clinicamente, onde a Psicologia continua sendo minha base principal, porém utilizando três ferramentas que alavancam o processo terapêutico: Regressão de memória (à vidas passadas), Cura do campo de energia e Baralho cigano. Comecei a dar palestras e *workshops* com o objetivo de unir a Ciência com a Espiritualidade. Deixo claro que o conselho de ética dos psicólogos não permite que ambos os trabalhos sejam feitos juntos, portanto, não posso utilizar o título de psicóloga e de terapeuta holística juntos. Posso apenas dizer que possuo formação em Psicologia, mas o título posso usar somente ao fazer o trabalho puramente psicológico do paciente.

Mais à frente, quando iniciei meu canal no YouTube, recebi uma denúncia a respeito do uso dos termos, então fui até o Conselho e está tudo resolvido. Possuo CRP ativo e utilizo os termos separadamente, como tem de ser.

Voltando ao ponto... na vida tudo acontece para nos tornarmos seres melhores e mais adiantados, conectados com nossa essência de Luz, apenas precisamos nos manter conscientes disso, alimentando a fé na espiritualidade da vida. Basta estudarmos um pouco de Física Quântica para compreendermos o que somos e como funcionam as partículas subatômicas das quais tudo é formado. **Estudar as leis herméticas nos faz compreender que tudo é magia no Universo, e que quase tudo o que nos desperta medo contém respostas valiosas para nossa cura. Tudo é energia, nossos corpos são energia condensada com propósito específico.**

E dessa forma positiva e conectada ao Ser está se dando o meu caminhar. Firme na luz. O processo de autoconhecimento não tem fim. Encontrei o caminho da verdadeira espiritualidade.

Despertar significa olhar para dentro e sentir que se é um ser divino. **É silenciar o barulho mental e perceber que não se é aquilo que se pensa.** É navegar nos altos e baixos com a sabedoria da Luz. E essa conexão se dá dentro de nós. Não somos somente o corpo físico e não estamos sozinhos. Somos amor puro na essência, as teias do Ego criaram barreiras, que nos impedem de espontaneamente aflorar nossa capacidade de amar. **Qualquer tratamento psicológico e espiritual deve ter como objetivo despertar o paciente ou consulente a descamar as barreiras do Ego para o Amor que já existe dentro dele.**

A Cura está além do medo.

A fé real não vem de um ego medroso, vem da confiança em si mesmo e à entrega ao fluir do Universo. Adquirir convicção é um processo. À medida que se vê resultado, vai-se ficando mais seguro. **A confiança faz com que nosso espírito receba aquilo que necessita.**

O despertar, o renascimento, se dá nesse reencontro com **nossa pureza essencial.** Ele só ocorre quando compreendemos que dentro de nossa mente habita um ego, que nos faz acreditar que somos aquilo que na realidade não somos.

Nossos espíritos não necessitam de nada daqui. Tudo deve ser vivido com essa consciência, com a segurança de que já se é completo na essência e aqui estamos para descortinar camada por camada, e assim, encontramos o Amor. *Amor a si mesmo, sem defesas, amor a ajudar os que ainda se encontram em sofrimento. Amor à vida eterna, pois é isso o que somos: espíritos imortais em aprendizado infinito. Filhos do Universo.*

Parte 2

FERRAMENTAS QUE FACILITARAM O MEU PROCESSO DE DESPERTAR

"Às vezes pode parecer mais seguro se fechar
Trancar o coração para a dor nunca entrar
O amor transforma, é preciso se entregar
Se livre dessas amarras, elas só vão te machucar
Você nunca esteve sozinha nem nunca vai estar
Buracos existem e servem para alertar
Você consegue se ajustar."   *(Daphine Grimaud – 2013)*

É Preciso Liberar a Mente

Liberar nossas mentes dos preconceitos e julgamentos é extremamente difícil, porém é essencialmente o que precisamos nesse momento. Não é mais necessário que situações terríveis ocorram para que haja mobilização contra todo tipo de preconceito.

A vida me empurrou para lugares – dentro e fora de mim – que eu jamais poderia entrar se continuasse com a rigidez mental na qual fui criada. O mal da atualidade está nas crenças limitantes.

Entendam bem, hoje compreendo a importância das religiões, respeito profundamente a escolha de meus pais, e também escolhi uma religião (a Umbanda) para me manter conectada e fortalecida nesse tempo, em que se faz necessário maior disciplina e dedicação.

Então, *que fique bem claro meu profundo respeito a todas as religiões do Planeta.*

Hoje respeito a Igreja Católica, muito embora considere que o poder da Igreja e do Vaticano deveria ser menor, afinal todo esse poder sempre esteve historicamente ligado à Política e ao Domínio.

Meu respeito também às outras Igrejas, grandes ou pequenas, fanáticas ou não. Respeito, porque sei que a energia de contenção e de medo, embora seja um paradoxo a tudo o que disse até aqui, ainda se faz útil e necessária nesse plano, onde muitos irmãos se encontram em estado de inconsciência tão profundo de si mesmos que, sem contenção, causariam muitos danos à sociedade.

O radicalismo ainda se faz necessário nesse plano, por ser um plano de aprendizado. Historicamente falando, saímos dos opostos para depois equilibrar. Assim se dão os aprendizados.

Meu respeito às religiões extremamente radicais do Oriente, que levam ao terrorismo e às guerras. Porque, mesmo destoando do propósito religioso, e ceifando vidas em nome de Deus, ainda assim *ajudam a provocar e a trazer lições importantes. Acabam, de uma forma bastante "torta", unindo pessoas, valorizando a paz, e fazem emergir questões e reflexões ainda necessárias para este plano. Nem mesmo esses irmãos, que estão na inconsciência e reatividade, deixam de receber a misericórdia divina.*

Esse plano traz em si muitas diferenças, que em seus mínimos detalhes servem para diferentes aprendizados. Ninguém nasce em um determinado país, ou em uma determinada cultura por acaso. Como já dito, estamos mergulhados em uma matemática perfeita do Universo.

Eu costumava pensar que diante de tanta desgraça e ignorância pudéssemos ter sido esquecidos, ou estar sendo punidos. Mas não.

Os livros e pesquisas foram úteis para mim, porém, o mais importante para o meu real entendimento e aceitação da Dor e do Sofrimento do Planeta Terra foi acessar meu próprio Universo interno.

Conforme ia abrindo minha mente, acessando novos conhecimentos, fui saindo de estados muito fechados para estados menos fechados, em um processo muito difícil e demorado para quem tem pressa. E será eterno, porque somos sim eternos aprendizes.

Foi lendo muito que o Universo foi trazendo novas oportunidades e experiências, que foram me ajudando a ir me limpando, e minha visão do que realmente acontece no mundo foi abrindo.

Inicialmente fui pelo lado puramente racional, artigos científicos, chegando à certeza absoluta da vida após a morte, na continuidade do espírito, nas inúmeras experiências de quase morte em todos os cantos do planeta, fui me abrindo e informações chegavam até mim sem que eu fizesse esforço. Em um movimento de atração.

A reencarnação existe, é realidade.

Não possuo todas as respostas, nem irei consegui-las, porque seria muita arrogância e prepotência querê-las após compreender, mínima e superficialmente, o que é o Planeta Terra – e nós – dentro do Universo. Compreendo nossas limitações e compreendo as limitações de nossa Ciência. Compreendo também o porquê de tanta coisa ruim rolando por aqui.

Antes de ter tanta compreensão, que me levou à aceitação, eu realmente sofria demais, chorava demais, sentia muito as dores do mundo, e minhas dores. Como se fôssemos vítimas do "mal".

Posteriormente, meu acesso a vidas passadas fez não restar dúvidas. Minhas próprias experiências nesse tempo de despertar foram me confirmando o propósito de tudo e dessa vida.

Essa verdade, que pode ser encontrada em tudo, realmente liberta. **Quando há excesso de preconceito, medo e julgamento, não conseguimos ver a verdade em tudo.** Todos temos excesso de julgamento, porque é natural nesse plano. Estamos aqui justamente para desconstruir esse estado mental doente.

Em um período de três anos (2013-2016), encontrei muita coisa que me fez mergulhar nos mistérios maravilhosos e excitantes da existência. Saí de um estado de ceticismo profundo para um estado diário e constante de buscas e confirmações, através dos sinais que o Universo me enviava e continua a enviar. Há uma comunicação, que de início eu considerava muito louca.

Quanto mais fundo me permiti mergulhar, aquém dos medos e bloqueios, me entregando a técnicas de limpeza e autoconhecimento fora do convencional, recebia confirmações e, principalmente, fui conquistando espaços novos **dentro de mim**. Os resultados rápidos me estimulavam. A vida passou a ter significados maiores, comecei a ver além do óbvio.

Em alguns desses primeiros momentos, consegui receber inspirações que se encontram nos textos da terceira parte desse livro.

Gosto de falar sobre religiões, e sempre repito que a verdade está em tudo, mas o homem faz mau uso dela. Disso todos sabemos. O grande perigo de se tornar religioso é fechar a mente a ponto de acreditar que somente ali, naquela determinada religião, é onde está a única verdade. **A verdade precisa ser experimentada, através de vivência pessoal e intransferível, ela nunca será baseada em crença ou livro.** Todos os mestres vivenciaram a verdade e nós também devemos vivenciá-la, somente crer não "salva" ninguém, o que nos leva à verdade é encontrar "Deus" dentro de nós, e isso só é possível quando identificamos o Ego, vamos descamando e nos conectando a um estado sereno de consciência pura e presente. É através do despertar da consciência que encontramos "Deus". E essa experiência pode se dar de diversas formas.

Acreditar que "Deus" está em uma determinada religião e somente nela é crença falsa e limitante, atrasa muito o progresso e avanço espiritual da humanidade, que fica presa aos julgamentos

e **preconceitos em nível coletivo.** E então essa verdade passa a ter respaldo coletivo, se fixando cada vez mais. A religião passa a ficar a serviço de um **Ego coletivo**, ao invés de servir a favor da **Consciência Coletiva**. Isso prende os homens aos labirintos do Ego.

Terapias e Cura

Devemos buscar mudanças definitivas, em vez de nos contentarmos com mudanças apenas temporárias com base no racional. A Psicologia ajuda até certo ponto, pois sem a espiritualidade não se pode falar em cura.

Por exemplo, o paciente pode ir para o tratamento psicológico, psiquiátrico, ou ambos. Empenha-se uma vez por semana na terapia, vai com frequência ao Psiquiatra em busca de ajustes e reajustes medicamentosos.

Muito bem, nada contra, em absoluto, é necessário caminharmos juntos, fiz tratamento por muitos anos, e certamente foi muito bom para eu enfrentar períodos bastante críticos, manter minha mente organizada e identificar padrões. O psicólogo convencional ajuda o paciente a compreender toda a sua história de vida do ponto de vista intelectual e racional, com base nos relatos do próprio paciente e família, e de acordo com a percepção limitada e até "pessoal" do terapeuta. Digo "pessoal", porque não existe um ponto de imparcialidade quando tudo se trata de energia. O observador sempre vai alterar aquilo que observa. Isso já é provado pela física quântica. *Sempre o olhar do terapeuta será distorcido por seu próprio ego e esquema mental. Mesmo sem falar nada, sua postura e energia interferem no processo terapêutico diretamente. Um terapeuta descrente e preso a um excesso de racionalidade não cura paciente nenhum, ele remedia apenas.*

Com o passar dos anos, o paciente sabe falar sobre sua história com muita propriedade, repleto de compreensões a respeito dos padrões que vieram da infância, dos pais, da adolescência, dos amigos, da família, e assim por diante. Ele vai com a intenção correta: olhar para dentro de si mesmo e para isso busca ajuda especializada para se trabalhar. A intenção está perfeita. Ele se esforça, obtém melhorias comportamentais, se torna mais seguro dentro de sua racionalidade (e dentro da racionalidade do terapeuta, com quem criou um vínculo de confiança) e intelectualização. Isso é muito importante, afinal precisamos identificar nossos padrões, trazê-los para a consciência e, a partir daí, virá a possibilidade de transcendência, como diria Jung. Aqui cabe dizer que Ciência e Espiritualidade são complementares, vou explicar melhor adiante.

O psiquiatra auxilia o paciente com as medicações adequadas e específicas, importantes para que o paciente encontre, dentro do possível, estabilidade e equilíbrio, para até conseguir se trabalhar em terapia de forma produtiva. Principalmente em casos de pacientes com estruturas psicóticas, em que há fragmentação do ego, o paciente precisa da estabilidade induzida pela química dos medicamentos para ser funcional.

O que ocorre é que, dentro do melhor que esse paciente possa ter chegado, alcançado com o melhor de seus esforços, com essas duas ferramentas (psicologia e psiquiatria) ele não atingirá a cura, jamais. Compreendendo que dentro da psicose não existe cura, existe melhoria e estabilização dos quadros de surto. Quando falo em Cura, me refiro aos quadros graves para os quais a Ciência não vê possibilidade, e eu já vi através da Espiritualidade, com a utilização de técnicas que desbravam o Inconsciente. A própria psicose pode melhorar.

A Cura se dá em níveis, e isso será abordado mais adiante. Geralmente o que ocorre em tratamento psicológico e psiquiátrico é que o paciente irá aprender a se rotular, a ter estratégias para os momentos de crise, vai retornar sempre para o tratamento, e provavelmente desenvolverá uma dependência do profissional através do vínculo de confiança estabelecido. Em casos mais simples, os pacientes recebem alta, mas não estarão curados.

A Psicologia cumpre muito bem seu papel. **Hoje considero necessário e essencial que os terapeutas holísticos, que utilizam abordagens e ferramentas integrativas, dialoguem mais com a Ciência e dominem mais a fundo os aspectos científicos.** Hoje são inúmeros os psicólogos que trabalham com as ferramentas holísticas, seja para acessar o corpo energético, seja para o acesso do espírito, a chave está no Inconsciente. Isso é maravilhoso. São os trabalhadores da Luz sentindo e seguindo o chamado.

A questão da Cura é que ela se dá somente quando é acessado o campo emocional. A Cura nunca se dará pelo racional. A Psicologia tradicional consegue estabelecer vínculo, tem ética, técnicas, táticas, um esquema perfeito para a identificação dos padrões que precisam de cura. Ela pode propiciar *insights* e catarses, que, quando ocorrem, trazem grandes mudanças na vida emocional do indivíduo, trazem grandes transformações. Freud dizia que "a cura está pela fala". Mas hoje vemos que não é bem assim, porque vamos evoluindo, ele "abriu com chave de ouro" os conhecimentos do Inconsciente. E é claro que através da fala é possível que o paciente se organize e amadureça. Seria muita pretensão dizer que a Psicologia como Ciência não ajuda e que as terapias holísticas são melhores porque acessam os registros emocionais e consequentemente curam.

A ideia é unir, raciocinar, integrar as duas coisas. Porque existe um vasto estudo feito por Freud e Jung a respeito do Inconsciente, além das inúmeras técnicas desenvolvidas pelas inúmeras abordagens dentro da Psicologia, que, quando dominadas pelo terapeuta, fazem toda a diferença na hora de aplicar técnicas holísticas. É um momento de pensarmos sobre isso, pois a Psicologia pode evoluir junto às terapias integrativas e holísticas, que já existem com tantas ferramentas que acessam a raiz, o Inconsciente, as cargas e os registros emocionais.

Grande parte de nosso trabalho é educar emocionalmente os pacientes e auxiliá-los a adentrar novas esferas do conhecimento e desenvolver sua moralidade. A teoria é parte importante de nosso trabalho, ela vai trazer maior segurança e riqueza nas intervenções. Porque os pacientes precisam ser trabalhados dentro dos aspectos científicos, estão na Terra e precisam conhecer as coisas daqui, não só as coisas de lá do "Céu", por assim dizer. Portanto, os terapeutas holísticos e psicólogos enriquecerão seu trabalho em consultório ao despertarem para o poder da União entre Ciência e Espiritualidade, e quem sairá ganhando serão os pacientes.

Quando o terapeuta não sabe alinhavar os conhecimentos do "Céu" com os da "Terra", deixa a desejar, porque passa a contar somente com a espiritualidade e na verdade a espiritualidade conta com ele. Dessa forma, vejo em minha prática, muitos terapeutas holísticos literalmente pendurados em sua mediunidade e confiantes na guiança de seus amigos de luz espirituais, e isso torna o trabalho perigoso. Aqui cabe ressaltar que existe também o processo de animismo, que pode gerar um excesso de autoconfiança no terapeuta e este considerar que está sendo guiado pelos espíritos de luz e literalmente estar dominado pelo próprio ego, e até por espíritos, que não desejam a melhora do paciente.

A relação terapêutica é a parte mais importante de todo o trabalho, porque é através dela que todo o tratamento se dá, depende dela o bom resultado. Pois bem, se um terapeuta não compreende e sequer reconhece seu papel como parte importante da cura do paciente, a cura não acontece. O terapeuta deve ter claro que sua postura, sua ética, sua espiritualidade, estado de presença, coração e mente, devem estar alinhados, sua mente deve estar vazia para poder se tornar um canal de Amor, o espaço terapêutico passa a ser uma comunicação entre os Eus Superiores. Se isso ocorrer, a cura pode acontecer. E isso é bastante visto nas obras de Jung. Vamos mais a fundo nisso para melhor compreensão.

Nos cursos de Psicologia e de Psiquiatria não se fala em CURA. Se um paciente que se utiliza somente da Psicologia e da Psiquiatria se propor a passar 10 dias em um curso de meditação Vipassana, certamente comprovará o que acabei de dizer. Verificará – como se deu em meu caso pessoal – que retornarão todos os pontos que ele acreditava ter trabalhado em terapia e superado. Se dá conta de forma assustadora de que não superou, ficaram reservas no Inconsciente. Ele realmente deu o seu melhor, como eu também dei durante 15 anos. Inclusive os profissionais também estão dando o seu melhor, não tenho dúvidas disso.

Isso ocorre **porque a Psiquiatria e a Psicologia se embasam em métodos puramente científicos, e nossa Ciência ainda hoje se encontra limitada por seu excesso de ceticismo.** Herança do rompimento radical, que se deu durante e após a Idade Média, entre Religião e Ciência. Passamos de um extremo a outro, era um excesso de Domínio Religioso, que declinou para o extremo, chegando aos dias de hoje, nos quais a Ciência tomou o domínio para si. Recomendo a leitura do livro *A profecia Celestina* para uma bela compreensão desse ponto.

Dessa forma, essas duas Ciências (Psicologia e Psiquiatria), em pleno século XXI, não podem ainda falar em CURA.

A Igreja retirou de cena a crença na Reencarnação, queimou bruxos e pessoas com dons mediúnicos aflorados. Hoje, quem não olha para isso, fica de braços dados com as mudanças superficiais e temporárias de si mesmo. A Ciência radicalizou para o ceticismo com uma intenção, que considero maravilhosa e necessária para o avanço da Humanidade: cortar com a ideia de Deus e Diabo.

Esse conceito foi, e é ainda, a causa de muita limitação. Porém, não há necessidade de negar ou evitar a ideia do Mistério Maior que está em Tudo: "Deus".

As pessoas ainda têm muito medo das religiões que trabalham com o auxílio aberto e direto dos espíritos, ou de buscar métodos alternativos, holísticos e integrativos. Só buscam quando realmente tentaram de tudo e nada adiantou.

Isso acabaria se a própria Ciência se engajasse, pesquisasse e investisse mais nas metodologias que citarei a seguir. Porque sim, são metodologias extremamente sérias e eficazes. São **curativas**. Mas *um dos fatores que leva à Cura é a pessoa ter fé no coração. E fé tem de ser construída, com base na racionalidade e na vivência, e então ela vai sendo fortalecida.* Na verdade, é um trabalho feito a três: a pessoa em estado de receptividade máxima; o médium que propicia a canalização e o mundo espiritual designado e responsável para o trabalho específico. Outros fatores também interferem, como os carmas, merecimento e necessidade, mas aqui não vem ao caso descrevê-los.

Sem atualização não há evolução

Freud e Jung deram início a pesquisas maravilhosas. Ambos constataram a existência e o total comando do Inconsciente em nossas vidas. Então, agora já temos métodos e técnicas modernos, que nos ajudam a desbravá-lo, trazendo alívio definitivo e CURA.

Também é necessário desmistificar um pouco essas técnicas, atualizar os leitores. Hoje em dia não é necessária a Hipnose, nem outro tipo de recurso que leve o paciente a um estado de inconsciência durante a sessão. Os tempos são outros. Estamos falando de um momento no qual já estamos com outras portas de acesso dentro de nós mesmos, pois o Planeta está transitando e é necessário que evoluamos, de dentro para fora. Novos acessos, que antes não eram possíveis, hoje são, e com muita segurança. Sei que o novo desperta medo. Mas **estamos adentrando a Era da Consciência, e até 2019 muita coisa vai estar acontecendo, só não acessará quem estiver fechado e bloqueado mentalmente por crenças limitantes e antigas. Fiquemos atentos às novas formas que irão nos ajudar a transformar nossas consciências. Vamos parar de ficar dando ouvidos a histórias contadas pela internet ou por pessoas que têm prazer em divulgar o negativo. Busque por si mesmo.**

Desde Einstein já constatamos que tudo se trata de energia e vibração. A Física Quântica já comprova que a intenção daquele que observa modifica o comportamento de toda e qualquer partícula de energia. *Não estamos falando de Magia, qualquer semelhança é semelhança mesmo!* Ou seja, foi preciso separar para cada parte crescer e evoluir individualmente (Ciência e Religião), e agora é a hora de juntar para SOMAR.

Como psicóloga e buscadora espiritual, não me tornei espiritualista nem umbandista porque queria ter uma religião, me tornei porque, ao estudar e viver minhas experiências pessoais e profissionais, constatei a existência de "Deus", mesmo sendo cientista, materialista. Encontro Ciência e Religião dentro das abordagens reencarnacionistas e espiritualistas.

A Ciência não pode negar a Espiritualidade, porque se assim o faz quem perde somos nós, seres que precisam evoluir. Ao sentar para conversar com os espíritos ou entidades, constatamos nosso atraso por conta ainda dessa incredulidade da Ciência e, do outro lado, da crença limitante em Deus e no Diabo.

Desmistificando a cura

É preciso perder o medo para trabalharmos com nossa própria cura definitiva.

As próximas perguntas seriam: Mas a quem interessa a cura definitiva? E a quem não interessa? Interessa àqueles que já estão despertando, e àqueles que já se encontram despertos. Não interessa essencialmente à Indústria Farmacêutica, e os seus.

Não devemos pensar que a Cura à qual me refiro seja uma Cura Mágica. Requer esforços. Mágica, nesse sentido, não existe. O processo de cura se dá em níveis.

Sempre que, através dessas técnicas, de cura, limpeza e libertação, conseguimos obter sucesso notável, tanto na cura física quanto na emocional, psíquica e espiritual, não estamos perfeitos, não ainda, não aqui nesse plano, somos seres eternos, e por isso, sempre teremos o que trabalhar.

Curar um padrão nos levará a outro que estava latente. Temos muitos padrões dentro de nosso vasto inconsciente. Muito Ego a ser dissolvido!

É trazendo esses padrões à Consciência que vamos nos libertando e nos purificando. Porém, existem os padrões que necessitam de desligamento, e estes não podemos fazer sem a ajuda dos amigos espirituais e meditação.

Vou apresentar agora algumas ferramentas que me auxiliaram nesse processo. Existem inúmeras outras, mas citarei aqui somente as que utilizei, pois foram as que o Universo colocou no meu caminho. Não aprofundarei muito, pois o objetivo é somente despertar a curiosidade em quem ainda não conhece.

Apometria

Todo o trabalho de Apometria – ao qual fui submetida durante nove meses e hoje em dia faço quando sinto necessidade emergencial – se deu na Casa de Padre Pio, em Botafogo, no Rio de Janeiro. Lá aprendi e vivenciei essa técnica, com resultados magníficos a cada sessão. O trabalho apométrico é extremamente profundo e completo.

Apometria (*Apó*: além de; fora de. *Metron*: relativo à medida) é uma técnica de desdobramento, seu objetivo é diagnosticar e tratar uma ampla variedade de desarmonias vindas de experiências de outras vidas, que interferem negativamente a vida atual do paciente.

Temos em torno de 3 mil a 5 mil vidas passadas e um aglomerado psíquico enorme dessas inúmeras personalidades que fomos, que formam redes de interação entre elas. São extremamente complexos esses processos de interação. Cada espírito possui incontáveis personalidades anteriores, que funcionam no momento atual como consciências paralelas, que mantêm suas memórias antigas, com seus blocos de experiências desagradáveis, com dores emocionais e psíquicas. Essa prisão a essas antigas personalidades é o que nos faz, de forma inconsciente, estar sempre gerando tormentos emocionais na vida atual.

Essas informações foram, em sua maioria, retiradas do folheto de instrução da Casa de Padre Pio.

Nesse trabalho, além de serem feitos desligamentos de vidas passadas atuantes na vida presente, também são trazidos para a mesa os inimigos dessas vidas que estão ainda influenciando negativamente a vida atual do paciente, e são realizados trabalhos de limpeza do campo de energia, elos negativos, cordões energéticos e limpeza da residência.

Leitura de aura

A leitura de Aura nesse molde que conheço na realidade é uma mistura de leitura dos chacras com Apometria, em razão do fato de a leitora que me atendeu ser dirigente de mesa de Apometria há mais de 15 anos. Sendo assim, ela mistura os saberes durante a Leitura do campo áurico, que é onde se encontram todos os nossos registros emocionais desta e de outras vidas.

Todos nós possuímos corpos que não os físicos, como já explicado no início desse livro. Na verdade, quem "manda" no que acontece com o corpo físico, são esses outros corpos menos densos (mais sutis). Primeiramente, esses corpos são atingidos, para depois chegar ao corpo físico. E esse processo pode ter tido seu início lá atrás, em vidas anteriores; quando desencarnamos e vamos para o período intervidas recebemos tratamentos e geralmente ficamos bem, porém, quando reencarnamos novamente em outra personalidade, temos de continuar a lidar com as questões que não resolvemos nas encarnações anteriores.

Basicamente tudo o que costumamos pensar ou fazer (hábitos) vai influenciando no bom ou mau funcionamento desses corpos, e, por sua vez, dos centros de distribuição de energia – os chacras – que ficam localizados no corpo etérico e perispiritual.

Cada chacra é responsável pela livre circulação de energia dentro de determinadas partes do corpo e órgãos específicos, o que significa que, quando nossos hábitos são nocivos e pensamentos vibram em baixa frequência, os chacras sofrem alterações. O corpo físico adoecer, é na verdade, o último estágio. Os pensamentos e hábitos têm, portanto, muito mais poder do que imaginamos. Um pensamento bem ou mal direcionado pode causar estragos enormes ou benefícios maravilhosos.

Os chacras podem ser lidos, porque cada um deles revela registros e aspectos emocionais, relacionais, padrões comportamentais, padrões de pensamento, vidas passadas relacionadas aos padrões atuais que precisam ser trabalhados para trazer alívio, conscientização, cura e libertação do sofrimento.

Sem o esforço e trabalho contínuo do paciente em se modificar, tudo é inútil, pois é semelhante à parábola do semeador quando diz que *as sementes só crescem e dão frutos se o solo for fértil e bem cuidado*. Em cada leitura, o paciente recebe muita informação sobre si mesmo, muito tratamento espiritual acontece, limpeza e uma avalanche de informações teóricas para que haja real compreensão do que está sendo realizado do ponto de vista da espiritualidade.

Na leitura de Aura de meu companheiro, os guias espirituais autorizaram que fosse feita, através dele e dos guias dele, uma busca da irmã dele que se suicidou em 2007. Ela foi localizada e houve o resgate. Foi muito emocionante, ela foi encaminhada para um local de tratamento, pois, como não existe a morte, ela deu continuidade à vida do outro lado, levando consigo exatamente o mesmo tipo de frequência e vibração (estado de consciência) que tinha enquanto estava encarnada, para ser mais exata, no momento do desencarne. O corpo se decompôs, porém sua consciência continuou, pois esta não tem fim. Conseguiu apenas dar fim ao corpo físico. Ficou presa pela própria vibração dela em um local que os espíritas denominam Umbral, que na verdade é uma criação de nosso estado mental doente. Hoje a irmã dele se encontra ainda em tratamento, porém já se recuperando. O tempo de lá corre diferente do tempo daqui.

Dei esse exemplo somente para que se compreenda que esse tipo de leitura de aura é diferenciado, por se misturar com a Apometria.

Meditação Vipassana

O sofrimento pode e deve ser evitado. Tudo o que acontece em nível físico e consciente possui um ou vários aspectos inconscientes. Quando reagimos mental, física ou verbalmente, essa reação automaticamente fica registrada em nosso inconsciente, e em nível consciente gera uma sensação física.

As sensações sempre são transitórias, impermanentes, como tudo neste plano. Então, através da técnica de meditação Vipassana, o meditador se torna consciente da Lei da Impermanência, ao focar com atenção nas sensações do corpo, que, ao surgirem, certamente irão desaparecer.

Assim, ao se tornar um observador daquilo que ocorre dentro de seu próprio corpo, aprende a não reagir, e vai nesse processo dissolvendo, desintegrando reações e blocos de reações que se encontram armazenados, presos em seu inconsciente, que o influenciam sem que ele possa impedi-los.

É uma técnica de meditação, que leva à libertação dos velhos padrões reativos da mente condicionada. Ajuda o indivíduo a se purificar apenas mantendo um estado alerta da mente. Torna-se focado no momento presente, no que ocorre dentro da moldura de seu próprio corpo. Dessa forma, o meditador não acumula mais tantos padrões reativos, vai dissolvendo padrões desta e de outras vidas.

Aos poucos, vai aumentando seu "espaço interior" e se libertando, é um longo processo, por isso é necessário haver disciplina na prática. Essa técnica deve ser aprendida primeiramente dentro de um curso no Centro de Meditação, pois ali é feito um isolamento, com regras, silêncio, natureza e boa alimentação vegetariana, para que haja uma primeira grande "cirurgia da mente".

O aluno dedicado obtém enorme resultado em um curso de dez dias. Ele aprende a se manter na realidade pura, como ela realmente é. Nem otimista, nem pessimista, o meditador Vipassana é **realista**.

Psicoterapia Reencarnacionista (PR)

Hoje ainda há muitos preconceitos em torno da regressão a vidas passadas. Eu também tinha, confesso que morria de medo. Meus medos eram variados, principalmente de ficar em pior estado do que já estava, talvez sintonizada em uma vida que passou.

Li vários livros do fundador dessa técnica, o Mauro Kwitko, e são obras com um conteúdo que meu coração vibrou, identificou como sendo a verdade. Principalmente o livro *Doutor, Eu Ouço vozes*.

Quando vamos estudar e nos aprofundar em cursos ou quando entramos em centros para nos tornarmos pessoas melhores e até nos desenvolvermos como médiuns, devemos avaliar a coerência de quem escolhemos como mestres ou mentores. Quando me refiro à coerência, não quero dizer perfeição, aprendi isso lendo as obras e assistindo a palestras do autor Robson Pinheiro. Quero dizer que aquele que está sempre em busca do acerto, de se apropriar de escolhas que não estejam baseadas em sua própria reatividade, é uma pessoa coerente. Sempre em busca de seu próprio trabalho interno, com humildade e aberto ao novo. Depois de recebermos os ensinamentos e dominarmos os aprendizados, podemos nos tornar professores e seguir novos caminhos. Existe muito caminho se abrindo para todos nós.

Fui me entregando ao processo da psicoterapia, que de primeira aprofundou em meus padrões de medo, que formavam uma estrutura cristalizada em minha mente. Ou seja, o medo já era uma reação incrustada em meu Inconsciente, processo este que se deu através de inúmeras existências. Agora era preciso coragem para desligar-me dessas sintonias de vidas passadas.

As sessões de regressão não são guiadas pelo terapeuta. **São guiadas pelo mentor espiritual da pessoa que está ali em busca de ajuda, o terapeuta é apenas um auxiliar dos mentores.** É necessário e essencial que haja total e completo respeito ao que a espiritualidade deseja apresentar para aquela pessoa naquele momento. Eles sabem melhor do que nós. Esse é o primeiro ponto. **Se há a lei do esquecimento é porque não devemos lembrar. Devemos acessar somente aquilo que a espiritualidade julgar importante. O risco é enorme quando esse ponto é desrespeitado pelo terapeuta, e o carma será dele também.** Portanto, os psicoterapeutas reencarnacionistas aprendem uma técnica específica que lhes permite serem somente auxiliares dos mentores durante as regressões. *O Segundo ponto crucial da PR é que a regressão tenha seu final no que chamamos de Ponto Ótimo, pois, onde termina a regressão, termina também a sintonia, onde a pessoa ficará.*

Inicialmente, meu mentor me mostrou muitas vidas ligadas a esse padrão de medo. É muito mais comum do que se pensa estarmos sintonizados a vidas passadas, até porque, como disse Einstein, o tempo não existe, e agora, com essa nova técnica (PR), podemos ir até a situação do passado na qual estamos ainda sintonizados, e desligá-la em tempo real, pois ela ainda está acontecendo.

Essa é uma excelente oportunidade de avançarmos para o não sofrimento e a libertação. É para aqueles que realmente visam se libertar da dor e se tornarem pessoas melhores, livres das reações de um Ego que visa se defender e atacar o tempo todo por conta dessas sintonias em cargas emocionais de traumas e reações do passado.

Como resultado, em algumas poucas sessões a pessoa já se sente mais conectada ao que veio fazer aqui, com seu espírito.

Todos temos guias espirituais, ninguém está aqui sozinho. Muitas vezes o psicoterapeuta orientará a pessoa a fazer uma limpeza espiritual, pois pode estar ocorrendo interferência e influência de forças opostas ao trabalho da luz, e sem que a pessoa perceba, por uma sintonia de baixa vibração, sua vida não anda como deveria, ou está com dificuldades também em decorrência desse tipo de conexão, que se dá de forma invisível e energética no mental. O terapeuta deve estar atento, pois na maior parte das vezes a pessoa nem acreditava nesse tipo de realidade e está ali justamente guiada por seus mentores para conseguir receber ajuda e se libertar. Essa interferência pode atrapalhar a regressão. Por isso o terapeuta deve estar bem treinado.

Independente da técnica, o indivíduo deve escolher alguma forma que realmente traga bons resultados e que seja perceptível realmente, trazendo mais luz, amor e equilíbrio para si e para todos que estão à sua volta.

Estamos recebendo muita ajuda espiritual por conta do momento do planeta. E essa ajuda de forma alguma está em apenas um lugar, ou em apenas uma técnica ou metodologia, muito menos em apenas uma religião.

É hora de expansão, quebras de paradigmas, para que o planeta mude a frequência e sintonia.

Não é mágica, vai acontecendo aqui entre nós, e dentro de nós. O processo está acelerado.

Se você sempre esteve fechado dentro de um mundinho só, é hora de abri-lo para que você mesmo adentre outras esferas. É necessário que se permita acessar dentro de si mesmo suas enormes potencialidades, que estão bloqueadas por seus padrões mentais cristalizados e repetitivos, governando-o em nível inconsciente.

Hoje você já pode buscar respostas em lugares que antes foram impedidos pelas igrejas e sistemas políticos repressores.

Não se permita não evoluir. Não se permita esquecer de si mesmo e deixar que o tempo passe para então olhar para trás e ter somente vivido para sua subsistência material e preso a crenças limitantes que serviram para o seu Ego. Busque ser feliz dentro das atividades que escolher. Mas entenda que isso demanda muito esforço e força de vontade de sua parte. E se não vier do esforço, pode questionar.

Lembre-se de que, para limpar a ferida e curá-la, primeiro é preciso trazer à tona todas as impurezas que estavam ali dentro. Não se permita boicotar e desistir só porque na aparência a dor se intensificou. É necessário que a imundície venha à superfície para que a purificação ocorra.

Se a Psicologia e a Psiquiatria de hoje ainda não conseguem falar em CURA, saiba que a CURA existe em outras fontes, que não necessariamente venham das religiões tampouco.

Nossos condicionamentos e programações distorcem nossas próprias percepções, e perdemos conexão com a realidade diante de nós. Desse processo brota muito sofrimento.

Quando descobri que a crença na reencarnação era vigente e deixou de ser por conta dos interesses políticos no Concílio de Constantinopla, e a partir dali entramos no domínio da Igreja Católica, me senti ROUBADA.

Fui mais fundo e constatei que ainda hoje, em pleno século XXI, minha própria família está sendo roubada sem sequer ter consciência disso. O pior é que ninguém parece se importar com essa realidade.

Nossas mentes foram manipuladas, e tudo o que temos como herança ainda é que precisamos do aval de um papa, por exemplo. Sendo que o verdadeiro mestre habita em nós.

Esse inconsciente coletivo ainda é muito forte para ser tombado, não podemos nos revoltar, essa não é a ideia aqui. A ideia aqui é dizer que a mudança começa por cada um despertar, em seu tempo. Ir se abrindo para o novo, ou para o velho que hoje está recebendo as devidas atualizações. Separarmos o que vem do Ego do que vem da Consciência é o primeiro passo.

Escolha as ferramentas que combinem com você. E do seu jeito poderá ir se conectando com as energias que se encontram adormecidas em você.

Importante dizer que, para que os julgamentos excessivos e os preconceitos diminuam, torna-se necessário eliminar, através de muito trabalho, nosso próprio excesso de autojulgamento e autopreconceito. Porque o medo que está por trás do excesso de julgamento, nos impede de expandir e desenvolver nossa elevadíssima capacidade de amar.

Primeiro vem o autoamor, a permissão que se dá para a autoexpressão.

Trabalhar o medo é – posso dizer de carteirinha – o trabalho mais desafiador e doloroso que existe. Quando adentrei em mim no silêncio absoluto do curso de meditação Vipassana, tive de olhar e encarar o maior monstro que habitava em mim, esse enorme medo.

Tanto a meditação Vipassana quanto a Psicoterapia Reencarnacionista são técnicas que doem muito. Porém, vão na raiz dos padrões que estão no inconsciente. Lá estão as respostas. Lá nosso passado, desta e de outras vidas, está acontecendo nesse exato momento. Há muita coisa boa lá também, mas aqui *o foco é na libertação do que causa o sofrimento*.

Cura prânica

A Cura Prânica foi, para mim, a prova empírica de que tudo é de fato energia, ou melhor, de como eu mesma sou fonte de energia, canal de energia e posso manipulá-la através de comandos mentais e técnicas específicas.

Essa técnica considera também a existência de um Ser Supremo, que nos auxilia com seus anjos de cura. Possui uma Egrégora específica.

O Prana é a Energia Vital presente no ar, no solo, no sol, nos alimentos. Tudo contém Prana. É energia manipulável. Assim sendo, essa técnica é a da manipulação do Prana colorido através de comandos mentais específicos do terapeuta especializado e bem treinado, objetivando curas físicas, psíquicas, emocionais e espirituais.

Além da limpeza e energização dos chacras, ela recupera teias, buracos e rachaduras do corpo energético do paciente, assim como desintegra elementais e formas-pensamento negativas. Sobre isso me aprofundarei ao falar sobre a Umbanda.

Hoje meu trabalho de Cura já não se resume a essa técnica puramente. Meus guias espirituais são de cura, portanto intuitivamente faço o que eles me pedem para fazer.

A Umbanda

Conheci a Umbanda porque fui "obrigada", senão provavelmente ainda hoje estaria repleta de julgamentos. Foram as entidades, os espíritos que trabalham na Umbanda, que desfizeram os trabalhos de magia negra que estavam atrapalhando tanto minha vida. A Umbanda se tornou uma religião interessante para mim; assim sendo, comecei a pesquisar.

Já estava com bastante conhecimento sobre Allan Kardec, o decodificador do Espiritismo, que se dispôs de maneira brilhante, científica e ética, a tornar clara e acessível a mensagem do mundo espiritual para nós. Rapidamente li *O livro dos Médiuns* e fiz um ano de curso do "Livro dos Espíritos". *Uma crítica que faço ao Espiritismo "kardecista" é que Kardec, assim como Jesus, não tinha por objetivo criar uma religião. Ou seja, o Espiritismo não é mais ou menos especial do que todas as outras religiões, como venho percebendo através da postura arrogante que muitos espíritas adotam. Outra crítica é que os kardecistas fazem muita obra de caridade, mas ainda não se esforçam muito a falar para os humildes. Há um grau de intelectualização muito alto, que, somado ao desejo dos seguidores de torná-la excessivamente fechada, torna essa adorável religião temida e difícil de ser acessada, infelizmente.*

Me surpreendi porque, para quem realmente gosta de estudar, encontra na Umbanda uma verdadeira abundância. **Todas as Umbandas trabalham com entidades que despertam no ignorante um choque de preconceito.** Essencialmente porque trabalha com entidades estigmatizadas, tais como *pretos-velhos, caboclos, pombagiras e exus*. E é esse um dos objetivos: abalar as estruturas do preconceito das pessoas. Ao conhecer a Umbanda mais de perto e visitar alguns terreiros e centros espiritualistas, fui obrigada a me despir dos preconceitos que vieram até mim através dos próprios espíritas "kardecistas".

Me permitam falar aqui um pouco da Umbanda que conheci através de minha própria busca e experiência, afinal, é disso que se trata esse livro. Vamos respeitar tudo o que vou colocar porque foi minha própria experiência. Não foi o que eu ouvi falar.

Fez muito bem para mim, especialmente quando entrei lá e me deparei com uma Umbanda muito diferente de que se fala por aí. O bem maior veio da quebra do meu próprio preconceito. Era ele que me impedia de ver todos como irmãos. A primeira vez que entrei no terreiro me tremia por dentro, de medo.

Depois de ter retomado as rédeas de minha vida, com os trabalhos de magia desfeitos, não poderia mais fechar os olhos para essa realidade, que se escancarou diante de mim.

A Umbanda é a religião mais científica que já conheci, e a mais despida de preconceitos também. Foi nela que meu coração pediu para ficar. Meu compromisso não é com nenhum pai ou mãe-de-santo, meu compromisso é evoluir espiritualmente através de minha própria transformação moral, sendo assim, meu compromisso é com a humanidade, e não com líderes. É claro que ao escolher me desenvolver mediunicamente em um terreiro, é necessário seguir as regras e respeitar as diferenças. Meu compromisso é com o conhecimento, coerência e reforma íntima.

Meus preconceitos giravam em torno de meu ceticismo de base. Eu achava muitas coisas, por exemplo:

– que os médiuns faziam teatro e que as incorporações eram falsas (até hoje me mantenho atenta a isso);

– não entendia e julgava o uso de cigarros, bebidas e outras ferramentas;

– achava que, se houvesse realmente espíritos, estes seriam espíritos inferiores;

– tinha medo de "macumba" (esse medo demorei para perder);

– achava que depois eles iam vir atrás de mim para cobrar minha alma em troca;

– achava que as entidades pediam oferendas em troca de favores, e isso para mim não fazia o menor sentido.

Outro ponto que depois foi me incomodando é a dependência que as pessoas criam com as entidades, sem filtrar as informações ou sem saber ao certo o que elas querem dizer.

Me incomoda como a maioria que vai se consultar não está muito interessada em adquirir o vasto conhecimento que as entidades têm a oferecer sobre o mundo espiritual e material.

As entidades estão desencarnadas e são guias espirituais, trabalham na luz e para a luz. Porém são, assim como nós, espíritos em evolução e podem errar. Percebo que os próprios médiuns não se preocupam em estudar porque acham que os guias sabem tudo. Mas os guias precisam que o médium faça a mediação. Então, eles vão acompanhar o desenvolvimento intelectual do médium, assim como a maturidade de seu senso de moralidade.

Vou tentar aqui ir desmistificando e ao mesmo tempo falando como funciona a magia e a ciência da Umbanda de hoje.

Dentro dos centros espíritas que estudam Kardec se encontra muito estudo, isso é ótimo. A nova Umbanda pede mais estudo. Inicialmente ela era voltada para incorporação, inclusive de forma inconsciente, pois até os próprios médiuns tinham preconceito a respeito da incorporação de entidades como as da Umbanda.

Mas é importante ressaltar que as entidades da Umbanda não são pretos-velhos, nem caboclos, nem pombagiras, nem exus. São consciências ou espíritos (apenas nomenclaturas religiosas) que representam energias e vibrações específicas que tomam formas diferentes em cada religião. Eles tomam as formas que cada um precisa e acha mais conveniente, adequada para si. Na Igreja católica são os santos. Cada santo atua em uma vibração diferente e específica para a realização de cada trabalho espiritual.

Na Natureza encontramos várias forças (vibrações) que atuam sobre nós, setores diferentes, as florestas e as matas; o mar; as cachoeiras; os ventos; as pedreiras, e assim por diante. Tudo na Natureza acontece em conjunto, mas cada setor específico tem sua função. No mundo invisível são designados seres, que atuam para determinadas faixas vibratórias e frequências de energia. O Universo é uma mega empresa, com hierarquia. Conforme vamos evoluindo, vamos nos tornando espíritos cada vez mais puros. Subindo na hierarquia. Ouvi em um dos excelentes "Diálogos com os Espíritos", dirigido pelo talentoso Jefferson Viscardi, que a Terra é um *favelão galáctico*, achei muito boa essa expressão.

Quando Jesus disse que *há muitas moradas na casa do Pai*, ele se referia às diversas dimensões e formas de vida. Existem literalmente cidades espirituais em nosso orbe. Robson Pinheiro fala muito bem sobre isso.

Os Orixás são as vibrações da Natureza que atuam sobre nós, independente do nome que se dê, e independente de sermos da Umbanda ou não. As entidades trabalham representando essas vibrações. Elas atuam em todas as religiões ou culturas. O sincretismo que a Umbanda tem com os santos católicos veio para que fosse minimizado o preconceito. Os arquétipos ainda são necessários por conta de nossa necessidade humana e limitada de categorização e visualização.

O fenômeno de incorporação de espíritos ocorre hoje de maneira consciente nos médiuns, e se dá através dos chacras. **O termo "incorporação" não quer dizer que o espírito se apossa do corpo do médium, mas sim que ele se conecta ou acopla aos chacras do médium. O médium parece não estar ali, mas está.** E é por estar ali consciente que ele deve buscar estudar mais, porque fará a intermediação entre o espírito que está acoplado e o consulente, que está ali em busca de orientação e apoio, merece um atendimento de qualidade. *É necessário e essencial que nos dias de hoje os médiuns estudem mais, porque o próximo passo da Umbanda é deixar de haver o fenômeno de incorporação e passar a ser feita a comunicação somente no mental do médium, chamada mediunidade intuitiva ou mental,* que hoje já está extremamente atuante.

Porém a incorporação ainda se faz muito útil, pois além de ser uma verdadeira prova da existência do mundo espiritual, dá a chance de trabalharmos em equipe aqui na Terra, encarnados e desencarnados. O médium aprende muito através do contato direto com a vibração de cada entidade. Ainda é preciso esse tipo de ajuda para facilitar nosso aprendizado. Os guias trabalham através do médium, dando passes, conversando, intuindo, encaminhando os espíritos desencarnados, que por alguma razão negativa se encontram ligados aos encarnados.

É maravilhoso conversar com os pretos-velhos, eles trazem a vibração do amor, da compaixão, da cura, da limpeza emocional. Os caboclos são índios, guerreiros da luz, trazem energia de cura com um direcionamento mais objetivo do que o dos pretos-velhos. Os exus e pombagiras são da vibração mais densa porque trabalham na cobrança cármica, entre outras funções mais "duras" e essenciais. Existem inúmeras outras entidades, como as que trabalham na linha de Cura do Oriente, os médicos, as freiras, os sacerdotes, os ciganos, etc.

Ouvir um discurso de espíritos desencarnados para mim é mais interessante do que ouvir um ser humano encarnado. Pois os seres encarnados adoram falar e, pelas limitações óbvias da Terra, é muito comum que haja dificuldade em praticar o que fala. Dou mais crédito aos desencarnados, têm mais impacto sobre mim, porque já estão do lado de lá e nos orientam com maior propriedade e coerência, que é algo que busco muito. Ser coerente não é ser perfeito, já mencionei isso antes... é estar sempre se aperfeiçoando em vez de ficar se enganando. E aqui na Terra é muito mais fácil se enganar, pelo grau elevado de ilusão.

Todas as entidades trabalham com o masculino e feminino, sempre em equilíbrio, afinal, tudo na Natureza traz seu oposto, dual. Nem sempre as duas entidades se apresentam, mas estão lá, o masculino e o feminino.

Meu objetivo aqui não é dar aula de Umbanda, mas dar apenas uma compreensão superficial, pois fico muito triste ao ver o preconceito em relação a uma religião tão bonita e cheia de luz.

Ela trabalha com todos os Elementos e Elementais da Natureza, assim como com o poder mental e formas-pensamento. Elementais são seres vivos, que já existem na Natureza, que podem ser mobilizados a nosso favor ou contra, pois obedecem a comandos mentais e vibracionais. São as salamandras, gnomos, duendes, larvas, baratas astrais e muitos outros. Podem auxiliar nas limpezas energéticas ou densificar energias, destruindo ou regenerando as redes etéricas dos chacras, por exemplo. Mobilizamos sem saber os elementais da Natureza o tempo todo, dependendo da intenção do pensamento, comportamentos e hábitos que adotamos.

Os elementos da Natureza (água, terra, fogo e ar) são mobilizados e utilizados por todas as entidades da Umbanda, a favor de todos, tanto dos médiuns e dos consulentes quanto do ambiente. Os elementos são ativados através das ferramentas de trabalho, que são a fumaça dos cigarros, charutos e cachimbos, velas, ervas, álcool e assim por diante. Tudo tem razão de ser, é tudo manipulação de energia com intenção de curar, limpar, energizar. A fumaça da defumação e os passes com fumaça, ajudam a limpar e eliminar também as formas-pensamento, que são seres psíquicos criados por nós quando viciamos o pensamento, portanto, tomam vida artificialmente. É pelas formas-pensamento negativas que se dá o processo de obsessão e auto-obsessão.

Sobre magia, tudo na Natureza possui um duplo etérico, que nada mais é do que o corpo de energia, que está em torno do corpo físico ou objeto.

Quem faz magia negra manipula os elementos da Natureza (através de velas, objetos e animais) e os elementais, dando comandos também a seres nefastos (obsessores) que trabalham de forma submissa aos comandos trevosos contra o progresso. Seres que executam os comandos da forma que lhes é conveniente, sem medir as consequências. Seres que no plano astral deram continuidade ao que eram aqui na Terra e continuaram a ser subjugados e mandados, através do medo, raiva, vingança e da coerção.

A magia é feita pelo poder mental, intenção e manipulação energética para o fim desejado. Inveja é um tipo de magia. Se o alvo estiver desprotegido, e geralmente está, pode afundar, é muito comum como efeitos da magia negra: loucura, ataques cardíacos e muitos transtornos (físicos, mentais, emocionais e espirituais). É preciso **desfazer,** porque o material utilizado pode se decompor, mas o corpo energético, o duplo etérico, continuará ativo e prejudicando o alvo.

Hoje a magia negra está ainda mais cheia de seres trevosos ligados a tecnologias científicas, basta uma brecha mental do alvo e implantam-se *chips*, criam-se conexões extremamente ardilosas, como bem colocado nos livros do Robson Pinheiro. São retirados em sessões de Apometria.

Tudo na Natureza evolui, absolutamente tudo, inclusive os conhecimentos. Assim sendo, tanto a luz quanto as trevas se atualizam. O momento do planeta é de total transição. É preciso se abrir para conhecer.

A magia branca trabalha desativando os duplos etéricos de tudo o que foi comandado na magia negra. Quanto aos seres trevosos, são encaminhados para tratamentos ou locais mais apropriados para eles. Quem geralmente faz esses trabalhos são os exus, mas claro que trabalham sempre em conjunto com outras entidades, cada um com sua função, igualmente importante.

A Natureza trabalha com Leis, quem desrespeita as leis sofre consequências, tudo a seu tempo e de forma justa. Lembrando que não tratamos aqui da justiça dos homens nem do tempo tal como o homem conhece.

Existem basicamente sete vibrações que regem a natureza. Nenhuma vibração é mais ou menos importante, trabalham juntas. Não existe entidade melhor ou pior, nem mais nem menos necessária. Nem os Orixás. Somente Oxalá, que é o Orixá de comando, por ser Jesus, que foi quem criou a Terra, ele é nosso governante, todos respondem a ele. Jesus é um mestre ascencionado, portanto tem o poder de criar planetas e ser responsável por suas criações. E esse é o futuro de todos nós.

Para a Umbanda, todos somos Deuses e mestres, mas é preciso despertar para essa realidade. Sem conhecimento não há avanço. Sem conhecer verdadeiramente a si mesmo, não há como se conectar com o mestre interior. É um trabalho semelhante a descascar uma cebola. Camada por camada, até que se chegue ao núcleo. Não podemos fazer essa limpeza sozinhos. Buscamos no caminho mestres, referências, religiões, estudos. Até que "quando o discípulo está pronto, o mestre aparece". O próprio mestre dentro de cada um. Estamos destinados a sermos mestres de nós mesmos. Mas isso só acontecerá após todo esse processo trabalhoso de desconstrução do Ego e da cegueira de si mesmo. Estar aqui encarnado no Planeta Terra é um estágio de aprendizado extremamente importante.

Somente quando descobrimos que estamos todos conectados, que não existe sequer um espaço vazio entre nós, conseguimos vencer a ilusão que nos separava no imaginário coletivo e nos unimos ao Todo. Passamos a amar e servir.

Faz-se necessário, nesse primeiro momento, estarmos sempre atentos ao momento presente e a tudo o que está acontecendo realmente ao nosso redor, sem as constantes distrações de nossas mentes egoicas, desgovernadas.

O maior de todos os poderes é o de despertar. É uma mudança no estado de consciência. E então dá-se início ao processo de, digamos, "nivelamento consciencial".

Encontrei, dentro das abordagens reencarnacionistas, todas as ferramentas necessárias para minha verdadeira mudança de consciência, então escolhi temporariamente a Umbanda. Sei que é uma passagem, pois não me apego a religiões, mas considero um estágio necessário de desenvolvimento.

Espero, do fundo do coração, que minha experiência e forma de colocá-la aqui possa auxiliar aos leitores em sua jornada de despertar, que é individual. Sei que muitos estão despertando.

Não nos tornamos perfeitos ao Despertar, mas nos tornamos conscientes das leis que regem o Universo, principalmente porque essas leis estão ativas dentro de nós, porque somos parte integrada do Todo, somos o Todo, em cada parte há o Todo. E dessa maneira estou criando minha própria sentença, que será baseada em minha própria consciência. Tudo o que faço afeta o Todo. Tudo o que emano acaba voltando para mim (lei do retorno) agora ou no futuro, nessa ou em outra existência. Somos eternos e infinitos. A matéria existe somente com um propósito, e isso exige muito estudo, pois o conhecimento a esse respeito é infinito.

Não nos limitemos à matéria, nem somente ao que é visível aos olhos tridimensionais. Gosto muito de meditar porque em estados meditativos consigo ter acesso às vibrações, sensações e a outras Consciências. E o principal é que faço contato direto com meu Eu Superior, fonte de toda a inspiração, que tudo sabe a meu respeito.

Sendo assim, ninguém me conta nada, através de minha própria experiência tenho a prova de que não somos apenas matéria. E isso é muito bom, libertador. Todos estamos prontos para despertar.

PARTE 3

Textos inspirados
(conexões com meu eu superior
e amigos espirituais)

Texto 1: A verdadeira espiritualidade: todos alunos, todos professores.

Todos são professores, todos alunos.
Professores de nós mesmos.
Alunos de nós mesmos.
No final, aprendemos o que estamos prontos para aprender.

Muitos só aprendem o que foram ensinados a aprender. Pensam somente naquilo que lhes foi pedido para escutar. Limitaram-se a ser somente aquilo que o medo os pôs a escutar.

Em um processo contínuo de aprender e ensinar, aqui estamos em um eterno processo de aprender a se encontrar. No caminho que nos foi ensinado a esquecer o tamanho do Universo que habita cada Ser.

Carregamos o poder do infinito e nos limitamos ao que é dito.

Naquilo que é dito habita tudo o que não foi dito, e é ali que está o mais importante. O mais além, a essência. O limitante está no dizer o que se pensa. O poder está no que não se pensa para dizer. O ALÉM, aquilo que é a fonte de toda a inspiração.

Depois que vira um pensamento dirigido, entrou no mundo da forma. E a forma vem para o mundo com a intenção de quem a formou.

A questão está por trás da forma. O ponto está na fonte que a disparou.

Se somos todos professores e alunos. Se infelizmente a maioria quer ser somente professor, o foco da Evolução se perde.

Ser aluno é mais importante, pois só se aprende quando há dentro de si a abertura para o vasto infinito que é o Universo.

Ser professor, na verdade, é ser aluno, porque só se bebe da fonte real de todo o conhecimento quando o aluno olha para dentro e encontra o infinito aberto, onde nenhum conhecimento é o suficiente, afinal o que o habita É o Universo.

Quando encontra esse lugar, que fica além do medo, além de qualquer rótulo, além de qualquer julgamento ou limitação, ali... quando acessa **ali**... o professor aparece, mas o professor aparece em Tudo... para onde ele olhar, ele vai aprender alguma coisa. Porque tudo vira novidade para ele.

Ele perde a vontade de direcionar seu conhecimento para ensinar sua verdade rotulante e limitada. Ele perde o limite de si mesmo. Identifica em si o infinito e tudo o que ele vê, toca seu coração. O mundo passa a ser além das aparências. Tudo vira seu professor, ele vira aluno da própria existência, que antes era direcionada pelas aparências, pelos que se diziam professores detentores de todos os saberes.

Ele descobre que não se deve manipular a existência, que se deve deixar livre para que seu infinito particular, se conecte ao infinito de tudo do exterior.

O professor que se diz professor, que dita suas verdades absolutas, na verdade se perdeu na aparência que quer ter de si mesmo. Se perdeu de sua essência, que é sempre ser aluno.

O infinito habita em nós. Somos ensinados a ignorar isso. Dizemos que somos alunos, fingimos ao dizer, pois por dentro nos achamos professores. Manipulamos a nós mesmos.

Todos somos professores reais, somente no momento em que nos conectamos com o fato de que em tudo há conhecimento, e que sempre seremos alunos da maestria da existência.

Nada do que te dizem deve ser verdade para você, a menos que você se conecte com o universo infinito que está além de seu Desejo. Porque no momento em que existe alguém te apontando para uma direção, esse alguém já incluiu a intenção e o desejo dele. Ele faz você se desconectar de seu Universo.

Seu desejo de encontrar uma explicação para dar sentido à sua existência, já te direciona tendenciosamente para um professor rotulante.

Esse desejo de querer definições, leva a humanidade à uma desconexão da realidade. Professores de verdade não se definem, não definem nada. Não definem Deus, não definem metas. Eles permitem que cada um se conecte com seu próprio infinito, sua própria Potência Criativa.

O medo nos impede de sermos alunos. É ele que nos faz ter a necessidade de rótulos, para que se possa definir. Ele nos limita, nos aliena.

A ponto de mergulharmos em uma ignorância completa de nós mesmos, e não separarmos onde foi que tudo começou. A alienação começou no momento em que, dentro de nós, nos separamos **por medo** do Universo infinito que carregamos dentro de cada um de nós.

Quando reconhecemos esse infinito de potencialidades dentro de nós, passamos a reconhecer esse infinito em todos os outros.

O problema é que quase todos hoje estão alienados de que dentro deles existem Universos Criadores. Foram alunos de professores alienados de si mesmos. Todos se limitaram. Ninguém aprendeu que o verdadeiro professor é aluno da existência, e que esse processo não tem fim, porque o infinito que há em nós reflete esse Universo, que se revela em cada nascer e morrer de um pensamento.

E a cada pensamento criativo que você mata, porque te disseram que não é certo, ou por medo de ir além, você se aprisiona em uma alienação mental e se torna escravo de uma existência manipulada por seres que intencionaram manipular você para que detenham o poder. E você ainda acha que é professor de alguma coisa...?

Hoje é normal acreditar em um Deus que foi criado à imagem e semelhança do Homem. Perdeu-se a conexão com o infinito dentro de nós, que está em Tudo. O grau de manipulação mental através das religiões fez o *religari* perder seu sentido real.

O desejo de estar no lugar certo, com a verdade certa, com o Deus certo, com a religião certa. A vontade de estar no lado do bem, da verdade. O desejo de nunca errar. O medo de não estar fazendo a coisa certa. O medo de não ser alguém especial. O desejo de não ser um alienado.

Tudo isso faz, de todos, ALIENADOS de si mesmos. Porque absolutamente tudo o que vemos com nossos olhos e ouvimos com nossos ouvidos, está limitado por esses medos e desejos.

A verdade está atrás disso tudo, está na desconstrução disso tudo. Essa fábrica de malucos alienados está fazendo do Planeta Terra um lugar semelhante a um Hospital Psiquiátrico, onde os malucos são tão malucos que esgotam até as fontes geradoras de sua própria sobrevivência.

E aquilo que se chama de Espiritualidade virou seu oposto. Porque a real espiritualidade está na conexão com o infinito, o Deus que não tem forma nenhuma, que se revela dentro de nós, através de um enorme potencial criativo.

Esqueçam tudo o que aprenderam, e aprendam algo novo todos os dias. É do silêncio interior que brota todo o conhecimento do Universo.

Texto 2: O sentido da dor da perda

Cada ser humano é um Universo
Universo imenso e infinito
Que se cria, recria, evolui
Nasce, Renasce, se transforma
Tudo em movimento, nunca para
Sempre há trabalho, sempre há transformação.
Aqui tudo é infinito.
A infinita dor que parecia não ter fim...
Acabou.
Trazendo a paz e a serenidade
Uma brandura que jaz tranquila,
Quando de dentro saiu a dor
Que enquanto chorava
Matava meu Ego
Fazendo emergir uma imensa aceitação de que não sou tão eu que habita em mim.
Quando a dor bate e dói demais
Me obriga a olhar outras forma em mim.
Mas quem sabe essa dor que veio do apego a outra forma

Não deva silenciar e deixar aflorar
Toda a pureza que há em mim
Todo o meu apego ao gosto, ao cheiro, e à forma
Traz tanto pesar
E parece um castigo quando chega ao fim.
A perda de um Amor
Seja do tipo que for
Me leva ao Deus que habita em mim.

Nesse estado de conexão sem forma não há o desforme do Ego, iludido, perdido, bandido. Que me roubou a vida, seu brilho colorido, feliz, esquecido, que a morte não existe, mas sim, o destino de ser um ser divino, que aqui abriga o inimigo para aprender a não mais se perder no que se chama Vida...Tanto tempo perdida, sofrendo as perdas que, no fundo, Divinas, por seu propósito de ao Ter e Perder, poder despertar.

Nesse caminhar temos dores gigantes, que trazem em si diamantes, a nos lapidar.

Entre perdas e ganhos, caímos, solavancos, dormimos, acordamos, aceitamos, negamos, vamos nos recriando, nos reinventando, trabalhando, trabalhando... até não mais precisar.

Com as dores sem tamanho, aprendemos a silenciar.

Palavra nenhuma expressa o tamanho de um grande pesar.

E assim, para dentro olhando, às vezes rindo, às vezes chorando, vou renascendo, até me iluminar.

Porque aqui é assim, se você tem aproveite até o fim. Se você tem é porque um dia se vai. E quando falamos em Ter, já está incluído o Perder, para talvez nunca mais voltar.

Então, se você tem, cuide. Porque um dia perderá.

Mas saiba também que perderá somente na forma, porque, se você for esperto, muito aprenderá. Esse aprendizado quem leva é sua alma, que te governa e te guia sem que você perceba, até que canse de errar.

Aliás, errar tudo bem. O que não deve é se vitimar.

Porque, se você tem, se apega e esquece que sua alma escolheu ter isso, para você ter de deixar.

Porque é no deixar e perder que sua alma tem a chance de crescer. É ela que cresce, seu corpo perece, o espírito então recomeça a caminhar.

Cuidado com a dor, dela pode florescer o amor, o contato com a alma e seu esplendor. Mas se perder te dói tanto, que não aceita essa perda, não se humilha, não se ajoelha...

Seu ego e sua teia
Te transforma em cadeia
Que te prende até sufocar.
E lá no sufoco
Um dia vai vir o reforço
Que são aqueles que aprenderam a caminhar.
A caminhada traz Amor.
Ela envolve ajudar quem tem dor
A despertar para o Amor
O Amor de cuidar.

Texto 3: Somos deuses!

Tudo o que vem de Deus é expresso com Amor e Bondade, toda religião carrega em si os princípios do amor e bondade. A verdade de Deus, O Criador, A Fonte, A Luz, é uma só, e se revela em nós, no centro de nosso coração.

Aquele que é tocado pela verdade expressa através de uma verdadeira transformação das estruturas mais profundas do pensar e agir. É um sentimento poderoso, profundo o bastante para inundar o coração e fazer a lágrima cair.

Importante pois é pedir, sem conceitos nem orações, que ao longo dos séculos perderam o sentido.

O Deus Universo se revela através de todas as suas criações. É assim que Ele é. Ele É crescimento, trabalho incessante, Evolução. Podemos O observar fora, através das criações, e dentro, pois Ele habita em nós.

Somos parte Dele, Ele é o Todo. Nos vislumbres meditativos, quando fundidos ao Todo, sentimos a presença Dele em nós.

O Ego que habita em nós deve ser identificado, pois cada ação dele sem conexão com a consciência, é destrutiva, visa a separação e o autoengano.

Tudo o que afasta do Amor e da Bondade vem de um Ego desgovernado, de uma mente selvagem, que se destrói e se desconecta do Deus que habita o Centro do Ser.

A comunicação com Deus se dá pelo centro superior da cabeça e coração. A mente silencia de tal forma que Deus se faz presente, somente quando há presença total se pode acessar a Fonte de Toda a criatividade do Universo.

Sem Presença o dom não aflora.

Sem Presença o medo invade.

Se o estado presente do ser não existe, outras conexões são feitas, e no autoengano, o Deus que habita em si chora, e ao chorar e não ser ouvido, o indivíduo segue tolo e perdido, sem paz, aflito, sem saber onde está indo, refém das aflições que são geradas continuamente desse estado de ser vazio, que em algum ponto acreditou que estava cheio de poder. Se perdeu de seu próprio coração, perdeu a sensibilidade que só brota da conexão com seu centro criador.

Sem saber que ele mesmo é Deus em um estado individualizado, distorceu por inúmeras razões o propósito do ser, acreditou que está separado, e sem saber, utilizou o poder do Deus criativo que Ele mesmo é, para criar sua realidade... seu Ego o fez acreditar que tudo podia sozinho. Não fez conexão com o amor e a bondade. Ele só DIZIA que estava conectado com o amor e a bondade, mas sua mente selvagem, cheia de julgamentos e críticas, e fofocas, e intrigas. Seus atos bondosos eram somente uma fuga de tantos pensamentos virulentos. Ele nunca fez uma real conexão com o Deus de seu Universo. Porque ele nunca fez real conexão com Ele mesmo. Preferiu tomar remédios para suas crises de medo, fez conexões de fuga com parentes e psiquiatras.

Fugiu de si e de sua real transformação, que está no mergulho profundo naquilo que remédio nenhum pode curar. Se rendeu a crenças inúteis e mágicas de um Deus que um dia o salvará desse mundo perdido.

Vai à Igreja, ao psicólogo, centro espírita, faz caridade. E todas essas crenças que vão o fazendo acreditar que está separado de Deus, e que não existe Cura... Afastam o homem daquilo que Ele verdadeiramente é: DEUS.

Somos todos Deuses. Mas só conseguimos sentir essa conexão com o Deus de nosso coração, quando nos despimos de crenças paralisantes de um ego doente, medroso e temeroso da morte.

Morrer para as coisas do mundo significa matar a nós mesmos, identificar esse Ego e colocá-lo a serviço da consciência, que por sua vez, faz contato direto com o ser divino, que habita em nós.

Esse Deus que a maioria acredita, não existe. Não importa a religião, em todas elas está a verdade. O que importa é a transformação interior do homem, que se conecta com o amor e bondade. Homem que chora ao ver o tamanho de sua maldade em cada fofoca que faz, em cada comentário maldoso, em todo o tempo que já perdeu em sua vida não percebendo que o outro também é Deus, que somos todos Deuses, utilizando esse poder de criação para a destruição em massa.

Quando vamos acordar para o estado real do Ser? Quando vamos abrir as mentes e os corações para enxergar, sentir e praticar o Amor?

Quando vamos nos despir das crenças?

Quando conectamos com o Deus que habita em nós, nenhuma crença se faz útil. Se despeça de suas crenças, fique nu, abandone a si mesmo, veja que esse ser que hoje você é não passa de uma ilusão montada por seu ego, que insiste em te fazer acreditar que você pode e deve dar conta de si mesmo.

A única forma de você dar conta de si mesmo é abrindo mão de ser separado de Deus. Existe uma potência dentro de cada um de nós, e isso é Deus. É luz. Sempre. O restante é ilusão.

Existe uma mente selvagem que não para de criar. Mas ela só cria porque temos essa potência criativa. Essa potência é Deus. Está em Tudo. Enquanto não reconhecermos isso, estaremos utilizando esse poder de forma irresponsável. Dentro desse engano básico do ser, vamos tecendo uma teia de semeaduras e colheitas, vamos ficando presos e precisando voltar aqui existência após existência.

Até que um dia acordamos, conectamos e aceitamos que nada do que foi construído em cima das crenças desse mundo foi real. E então passamos a perceber a realidade de Deus em nós, e não fora. Nenhuma crença se faz necessária, porque agora sabemos que basta se retirar e em meditação conectar com o Deus que está em nós. Através dessa conexão, a iluminação vai se dando. A verdade vai sendo revelada.

E tudo para trás vai vindo à tona. Era tudo autoengano. Vamos reconhecendo com humildade, pedindo perdão, vamos recebendo a misericórdia, e com nosso pedido Deus começa a atuar limpando todas as conexões que fizemos enquanto estávamos no autoengano. É muita coisa para limpar. Dá muito trabalho. Virão ainda muitas novas existências. É muito mesmo.

Vivemos no autoengano, na inconsciência por muitas existências. Sempre acreditando que estava fora o Deus que habita dentro. Nos separamos Dele.

Quando conseguimos finalmente conectar com Ele, começamos um processo de dor, muita dor. Porque limpar feridas profundas dói. Porque foram feridas de consciência. Trazer à consciência dói. Mas essa verdade da existência LIBERTA. Cura tudo. Os medos se vão. A raiva se dissolve. O ser aparece, a pureza se revela.

E então, aquilo que Jesus veio fazer aqui finalmente acontece. Ele veio para separar, não veio para unir. Separar quem quer viver a verdade interior, harmonizado com toda a natureza, daqueles que querem viver de Ego, na ilusão de que está separado de Deus.

Acordem! Deus se manifesta através do Todo. Basta observar a Natureza. Estamos todos mergulhados na Mente de Deus, e é por isso que tudo funciona matematicamente perfeito no Universo. Somos células. Quando nos desconectamos dessa verdade e paramos de agir em conjunto nas mínimas coisas, comprometemos a Mente de Deus.

Ao comprometermos nossas mentes, provocamos um caos no Todo.

É preciso estudar um pouco mais do que a Bíblia, meus irmãos, porque somos dotados de raciocínio para pensar. Chega de seguir o que vem de fora. É hora de conectar com o que está dentro de cada coração.

Em nossa coroa está a mente de Deus, e em nosso coração está o coração de Deus. O restante todo é ilusão de um mundo de crenças, mental, egoico, de humanos iludidos com a matéria. Ficaram cegos para uma realidade básica: *nada no mundo é sólido.*

Texto 4: O ascender do EU

Fui em busca do Eu. Não mais daquele Eu da infância, onde tudo é meu e não seu. Fui atrás do Eu profundo, que, quando descoberto, vira Nosso.

Um lugar de acesso fundo. Já não me bastava mais viver só para mim. Certamente nunca tive um coração ruim, apenas não estava desperta. Aquele Eu não se satisfazia, era escravo de fugas e de desejos insaciáveis de ser aquilo que de fato eu não era. Nunca fui. Nunca serei. Foi tudo um engano.

Não que não tenha sido eu, mas é que hoje, aquilo não faz parte de mim. O Meu hoje é mais Nosso.

Fui aprendendo que tudo aquilo que fazia só para mim acabava por me tirar do eixo. Aliás, o eixo não era vislumbrado tanto assim.

Para mim, o pouco era ilimitado, infinito, ilusão de um Eu desvairado, que se distanciava de mim.

Sempre estive ali, no fundo, escondida. Na verdade havia muitas feridas, umas abertas, tantas outras perdidas, em um labirinto quase sem saída, construído por mim.

Sim, parece loucura, mas a verdade é que foi quando cansei de ter pena de mim, descobri que não existe vítima, mas também a explicação de tudo não é tão simples assim.

Fui perguntando, buscava respostas, sempre elas apareciam, mas onde eu as encontrava só favoreciam um prognóstico ruim. Fui buscando, mas tropeçando nos nós que eu mesma atraía para mim.

Chegou o momento que foi meu exato tempo, ali apareceu o início do fim. O fim da tormenta de um Eu perdido, sozinho, aflito, sem respostas a tantas perguntas profundas de uma alma sedenta querendo despertar.

Meu Eu Infantil tomou um "sacode", um "Acorda", "Se move! Muda o rumo ou Morre!". Era o começo do fim.

Aquela vida ruiu. Meu antigo sistemas de crenças faliu. Pedi, pedi, pedi, e então o Universo abriu. Do jeito que foi, era um convite que não tinha como ignorar nem postergar. Com muito medo, muita ajuda precisei. Uma verdade abriu e havia necessidade de muita limpeza, muita transformação. Foi um despertar do coração. Meu eu entrou em colapso.

Precisei me isolar. Foi um verdadeiro despertar. E no fim entendi que a purificação é de dentro para fora, sem ajuda é impossível acontecer. Tem de se despir do velho para o novo se estabelecer.

O Eu iludido passa vidas escolhendo a melhor forma de se sentir feliz com tudo o que a matéria pode lhe oferecer. Nunca está plenamente satisfeito. E, mesmo assim, ele segue, com cada vez mais necessidades, sem contato real com a alma, que grita de dor nos momentos de solidão.

A alma sem alimento fica recolhida e o Eu faz a busca dele, encontrando respostas materiais, que nunca serão suficientes.

Quando comecei a descascar meu Eu e tratar as feridas, fui me purificando internamente, trocando velhos esquemas mentais, vícios, hábitos, fui atraindo algo novo, fui buscando, pedindo, e o Universo providenciando através de muitas dores, tudo aquilo que era preciso para o aprendizado ser efetivo, tão forte quanto as dores. Fui me lapidando e a alma foi vindo.

A fé não habita corações paralisados que não buscam, não habita na comodidade do Eu, que se acha vítima, e não criador. Quem busca, no momento certo, encontra. Os medos precisam ser encarados e trabalhados. Onde há medo não há Deus.

Qualquer religião que incentive medo não está dentro das Leis de Deus. O medo priva o ser de sair do Eu infantil que não adentra na alma.

A alma gosta de mergulhar e conhecer. Quem fica no medo, se priva de ver a verdade por trás de tudo e de qualquer coisa.

A verdade se manifesta em todas as religiões, quem não vê é porque ficou preso no medo imposto por alguma razão ao longo da história.

A cegueira do Eu nos impede de ver os Nós. Fica cada Eu defendendo sua vontade, sendo que ela está em todos nós.

A ignorância de nosso Eu mais profundo nos prende à superficialidade do Eu infantil.

É despindo as ilusões através da reforma íntima que chegamos à alma, e inevitavelmente o Ser se torna livre das crenças limitantes, passa a escolher estar aberto para mudar ao amanhecer.

Porque sabe que tudo no Universo
Está a crescer, Evoluir, Mudar, Transcender!
O Eu precisa transcender, Trocar de lado, Tomas várias formas... Ascender!

Texto 5: Beleza de Ser quem se É

Ninguém pode te dizer quem você é ou aonde tem de ir.
O caminho se percorre a sós.
Relacionar-se é importante, sem estar sempre no comando, porque aí o ser não consegue se ver.

Quem controla as relações – sejam quais forem – controla a si mesmo, não se permite fluir, desacelerar, não entra em contato com o ser, que fica escondido na avalanche de produzir pensamentos.

Cada ser já passou por tantas vidas, e se voltou aqui de novo, é para aprender. Os erros, dores e consequências, fazem parte importante no desenrolar de uma existência. Cada escolha, uma consequência.

Com escolhas que são ancoradas pelo coração, geram bons carmas, bons frutos, a ser colhidos com frescor e alívio nessa passagem em que se faz tão importante a dor.

Como ouvir o coração? Com a mente focada na sensação. Todo pensamento gera uma emoção, e a sensação se dá pelos contatos feitos através dos cinco sentidos e da mente (pensamentos). Depois da sensação se dá a reação.

Reagir nunca é positivo, mesmo que seja de gostar muito de algo bom. Porque, quando se reage, seja mental, física, ou verbalmente, gera-se um magnetismo no seu próprio campo. Apega-se ou rejeita algo ou alguém. Isso faz com que o ser vire um joguete de sua própria mente desgovernada. Ele não gosta, repudia; gosta, então deseja. E isso é o sofrimento.

Quando o ser conecta ao coração, se volta para o seu centro, no qual tudo acontece sem pressão, sem pressa, sem aversão, sem medo, sem razão, sem ego.

É um lugar que, quando acessado naquele momento de silêncio da alma, aflora a certeza de ser pleno, mesmo errante, mesmo com memórias que atropelam, mesmo com pensamentos que afloram, padrões antigos, esquemas negativos. O coração olha tudo vindo e não se apega, compreende que durante tanto tempo esse esquema louco que era a realidade do ser.

Agora, tendo sido descoberto pelo coração, o Ego, que habita a mente, se sente perdendo espaço. Quer invadir, quer aparecer, crescer, viver, dominar, se apegar às coisas e personas da Terra, quer ficar preso aqui. Ele não quer que o espírito se manifeste e descubra que por causa desse Ego reativo está aqui há tantas vidas, quase sem sair do lugar, se debatendo existência após existência, impedindo o espírito de andar.

Nossos corações nos trazem agora boas notícias. É hora de conectar, chega de se privar de olhar para os erros e, com consciência, agradecer. Olhar para os inimigos inconscientes, e agradecer.

Olhar o mundo ao redor com os olhos do coração, que revela a única verdade, a verdade do propósito eterno, da união, da simplicidade, da energia, da essência.

É hora de vencer, olhar para dentro, sem à mente ceder. Silenciar o julgamento, o autojulgamento, a crítica, a autocrítica, o passado, os certos e errados, sem julgar o irmão ao lado. Sem querer atrapalhar o tempo de aprendizado dele.

Deixe a mente livre, o coração aberto, não tenha medo, não petrifique, não esconda seus segredos, não precisa, você é livre.

Não se iluda com a mente e o Ego, deixe-os falar. Observe de longe sem embarcar.

Olhe no olho de um animal, faça essa troca e volte para lá, para o seu coração, que tem impresso a sua consciência, está ali sem exigências, apenas querendo ser feliz, sem as amarras dessas teias que te impedem de ver quem você é, e muito menos deixar que os outros sejam.

Olhe que confusão... hoje você não sabe nem que sim, nem que não. Vai para a igreja, ou em seu próprio altar, e faz sua oração. Chega à casa dos outros, ou na rua, e rejeita em pensamento, em nível mental, tudo o que seu Ego diz que não é bom para você.

Vai à escola buscar seu filho e, em casa, onde for, ensina para ele tudo baseado no que seu Ego vê.

Me desculpe dizer, mas você não é mais você. Cobre-se de crenças e falas bonitas, e com o coração você não vê.

Pois eu te digo agora, em um momento inspirado e puro de meu coração, pouco importa que o seu Ego vê. Pouco importa o que seu Ego te faz pensar ou julgar. Isso só te afasta do seu verdadeiro ser.

O tempo todo você se separar de quem você julga e critica mentalmente não ser ou não pensar igual a você.

Feche os olhos, olhe para dentro. O que você vê? Um ser de fachada, que se autoengana e se põe a sofrer.

É chegado o momento de olhar para dentro e chorar com o que vê. Um Universo construído para se livrar do medo de ser um "fodido" e ninguém te reconhecer.

Quem é você sem seus rituais?
Quem é você sem seu trabalho?
Quem é você sem seus filhos?
Quem é você sem tudo o que você pensa ser?

Sobra um ser aflito, com medo, perdido, culpado, bandido, reativo. E será que a vida é só isso?!

É hora de ver que esse ser que você acha que é, na verdade só te faz sofrer, é vazio, cheio de crendices e fugas de um Ego que não quer morrer.

Adão e Eva comeram do fruto do conhecimento, e aí está você. Acredita-se iludido, em tudo o que contam para você. Julga-se correto, com o Deus certo, mas, se te tiram o chão, você não sabe nem envelhecer!

Precisa da muleta, porque é um ser mental, que, na teoria, sabe o que é amar. No discurso, sabe o que é o Amor. Mas tem medo de si mesmo e de todo o seu esplendor. Não sabe segurar nem 24 horas completas sem oscilar de humor.

Isso é a Terra, e todos separados por mentes egoicas, cheias de si, impossibilitados de abandonar quem a mente lhes ordena que sejam.

Escutem seus corações! Onde há coração não há separação. Não julguem ninguém. Todos estamos preparados para ser plenos, mesmo quando perdemos tudo.

Porque tudo aqui é apenas criado e preparado para acordarmos de que quando o ser começou a pensar mais do que sentir, quando deixou de se conectar com seu espírito através do coração, ficou refém do Ego, e dos medos de ser quem se é.

Texto 6: Psicografia Sem Título

Somos infinitos em nossa bondade. Tomamos várias formas para que possamos tocar seus corações.

Estamos encontrando dificuldades para fazer conexão porque os dogmas criaram barreiras no centro coronário de vocês.

Vocês acham que estão espiritualizados e nunca sequer deram ouvidos aos seus espíritos.

Estão esperando algo acontecer, meus filhos?

Certamente estão. E se contentam com essa superficialidade que é a vida de vocês. Não estão sendo verdadeiros nem consigo mesmos.

Não conseguem ultrapassar seus próprios limites. Em tudo há verdade, não se julguem entre si.

Vocês são irmãos, não vivem em condições de julgar ninguém.

Abram-se para o novo, porque o velho já não serve mais.

Escutem o coração de vocês, não tenham medo.
Estamos aqui e somos muitos.
O amor está aflorando. Com muitas faces.
Não percam tempo julgando, não se desviem do caminho que já está escrito dentro de vocês.
Soltem-se das amarras do ego.
Deixem a verdadeira luz entrar, em vez de ficar exibindo sua falsa luz.
Deus está dentro de vocês! Escutem!

Texto 7: Psicografia Sem Título

Tantas coisas bonitas estão aí para vocês.
Para todos vocês.
Não cabe a ninguém julgar seu irmão.
Isso não cabe a vocês.
Até o que vocês julgam desviado, recebe nosso amparo.
Não sejam mais hipócritas, percebam que estão reféns de suas mentes.
Sejam irmãos. Agora é momento de união.
União de cada um com seu próprio coração, nele vão encontrar muitas surpresas.
Vão olhar seus inimigos como realezas, e deixar fluir toda a beleza que jazia escondida em sua natureza.

Texto 8: Aqui se faz, aqui se paga

Sim, se fazes amor, assim o recebes.

Acaso não encontres em si essa possibilidade, por desconhecimento de tua vasta capacidade de amar... Não se preocupes, pois o tempo das oportunidades se encarregará.

Suas dores que aqui se manifestam podem ser consequências de tempos antigos, onde ainda obscuro o teu interior se encontrava.

O amor é luz. O mal que praticas em tua ignorância é apenas ausência de luz. Nesse plano que hoje habitas, o mundo que vês é aquilo que tu mesmo crias.

Todos que aí estão possuem uma alma, que, ao morrer, se chama espírito.

Todas as almas que aí estão, possuem gravada em seu interior a consciência da luz, do divino, que infelizmente, em sua maioria, se encontra encoberta pelo desespero terreno de desejar, desejar e desejar.

Vocês não são seres inferiores, estão somente em um plano de baixa vibração porque assim escolhem estar. Alguns estão à revelia porque nem escolhas puderam mais fazer, voltam com urgência para novas chances estabelecer.

Cuidem com suas escolhas, cuidem porque podem cuidar. A vocês todos foi dada a chance de aí voltar. Por que insistem tanto somente em seu próprio bem-estar?

A melhor escolha, aquela que em si já traz alegrias futuras, está em auxiliar os que precisam, abrir mão do melhor pedaço, compartilhar tudo sem desperdícios.

Não finjam não entender de onde vêm esses macrosprejuízos. Vêm de cada um de vocês, como indivíduo, em cada pequeno lapso de momento que jogam no chão seu próprio lixo.

Esse plano traz em abundância tudo o que é preciso.

Todos pagamos o preço alto do desperdício. Desperdício dos bons pensamentos, da quantidade de amor que está sendo investido.

Escutem com atenção. Se continuarem a ignorar seus irmãos, continuarão a pagar o preço alto da escuridão.

A porta está aberta, agora é rápido o processo-padrão. Não mais prorrogue o chamado que vem de seu próprio coração. Chega de agir escondido, na má-fé, você sabe que é curto o período de alegrias. São falsas, são estripulias. Nós de cima vemos tudo, todas as noites, todos os dias.

Olhe para si, se arrependa a contento. Chore no peito todo esse lamento. Você será absolvido porque terá agido a tempo. Basta ser benigno, mesmo tendo levado tanto tempo... os anjos aplaudirão porque estão te esperando também por todo esse tempo.

Texto 9: Luz e Sombra

O que falta em nós, meus irmãos?

Aceitar o que se rejeita.

Vivemos no plano dos polos, das polaridades. Aquilo com que me identifico, mal sei que traz consigo seu extremo oposto.

O que critico, automaticamente me faz refém.

O que quero dizer com isso?

Querer ser bom já traz embutido a maldade. O odiar já traz em si o amor pela sua dificuldade de amar.

A própria Ciência já traz em si o Poder de Deus.

Muito cuidado nessa dificuldade que se tem em acolher o diferente. Em um mundo de rótulos, reina tudo o que é radical. Não sobra espaço para a libertação e cura. Por amor a si e ao que é de Deus, por favor, me escute.

No mundo do ser livre e feliz, não pode haver comparação, nem para melhor, nem para pior, nem para ser certo, nem errado.

No geral o que você faz? Se identifica com algo, e automaticamente repudia seu oposto. De agora em diante, sua missão é combater essa má tendência. Isso está acabando com o planeta. Seja você mesmo a força direta, a fonte de luz que acenderá o breu em que nos encontramos.

Façamos isso juntos.

Reconheça em você o medo ou a aversão que lhe dá quando ouve o outro falar que o caminho que ele está é único, correto. Perceba a condenação mental que é acionada em você. Congele esse sentimento e o coloque na sua frente refletido, "esfregando na sua cara", que você é em nível inconsciente. Vou dar outro exemplo. Aquilo que você lutou para ter, traz em si o medo de perder.

O amor de verdade está em se conhecer e reconhecer que toda luz, nesse plano dualista, traz sua sombra, e é ao trazer à tona suas sombras que a cura pode acontecer. Estamos presos na inconsciência sombria, que insistimos em não ver para manter o *status quo* de uma consciência de luz na superfície, que traz em si a sombra oculta, que dorme "linda", e, ao acordar, vem com tudo te fazer adoecer.

A dor e a doença são ferramentas da natureza, sua própria natureza, que quer te mostrar todas as suas sombras, que você insiste em não querer ver.

Texto 10: O silêncio e a quietude

É em nível mental que **tudo se dá**.

Aquiete sua mente e **saberá**.

Encontre sua forma, não **permita** que o caos mental te impeça de aflorar

Quem não se controla, fatalmente cairá.

É no diz que me disse que você não deve estar

Finque os dois pés

Peça, e se abrirá

Hoje **jogue** a semente

Peça a Deus
Ajoelhe
Bata à porta, e
Sabendo pedir
Assim aos poucos
Ele vai te dar
Fique atento sem expectativas,
Apenas observe tudo
Porque Deus escreve de várias formas
Só enxerga quem treina os olhos
Sem desacreditar
Confie e entregue
Mas lembre-se de que Jesus veio
E a maioria o quis matar
Então, abra seus olhos
Tire a venda
Pois Deus trabalha no novo
O antigo lá está.
Não é mais tempo de se fechar em Dogmas
É tempo de raciocinar
A verdade é única e várias faces está a tomar.
Silencie mais sua mente
Fale menos
Tente se conectar
Sem ficar sozinho e quieto você nunca escutará
A voz vem de dentro, eu já disse
No coração está
Sua mente barulhenta está a falar, falar e falar
Sente-se quieto, recolha-se a tempo
Não espere envelhecer para sentar
Se fizer isso hoje, aos poucos pedindo
Vai sozinho se encontrar
Evite fofocas, respeite o amigo
Olhe seu próprio umbigo
Que está a gritar
Barriga vazia, sem alimento
Precisa preencher o espaço devagar
Não se apresse ao alimentar sua Alma

Aprecie o caminho
Cada pedacinho
Porque é no tempo, aos poucos
Que tudo se dá
Fique atento aos seus pensamentos
Pois alimento estragado
Lixo produzirá.

Texto 11: A importância da compreensão do que é a morte

Aquilo em que o homem acredita o torna quem ele é.

Assim baseia suas ações, assim passa a lutar e fugir de tudo o que for seu contrário.

Muitas vezes isso o obriga a ir contra o fluxo de seu próprio ser.

A forma de enxergar a morte muda todo o curso de uma vida. E foi ao mudar minha visão que transformei toda a minha vida.

Não existe punição, quando, ao ouvir seu coração, você aperta um botão que desencadeia uma avalanche de transformação.

Depois que apertei esse botão, sou feliz.

Esperar o tempo do fim, onde a salvação virá enfim, me prendia a esse mundo com uma visão triste, quase sem saída, como se tudo tivesse de ruir e fossemos marionetes passivas do tempo de Deus.

Esse tipo de crença é perigosa e quase me levou à incredulidade total.

Sendo Deus o Absoluto, Nele não há ambiguidade. Nós, seres ambíguos, não podemos compreender Deus. Qualquer conclusão seria parcial, incompleta, falsa.

É esse, e somente esse, o engano básico.

A crença do que vem após a morte, mesmo que seja a crença do "Nada acontecerá, então vivamos o presente!", já faz o Ser sentir medo de envelhecer e morrer.

Encontrar o botão e apertá-lo é a única saída para não temer e não viver fingindo nada temer.

Veja a plantinha que cresce, antes de crescer era semente, e naquela semente já existia a consciência do que ela viria a ser. O botão da plantinha já é automático, ela já está projetada para crescer.

O homem também, mas possui o intelecto, que veio com ele não ao acaso, é para que ele possa escolher.

É fato e evidente que seu corpo vai crescer, envelhecer e morrer, mas dentro dele habita uma mente, uma *psiquê,* um aparato divino, que depende só dele mesmo para crescer.

Carrega muitas memórias, um vasto inconsciente, dorme, tem sonhos, reage muitas vezes sem nem se compreender. Pode escolher à vontade, mas, ao escolher não entender, ou viver esperando Deus vir resolver... está perdendo o propósito da alma, que foi criada também para crescer.

Ela só cresce, se expande, só muda de nível, quando o indivíduo trabalha sua moralidade. Esse é o botão que nenhuma outra criação pode escolher apertar quando bem entender.

Não estamos sozinhos, se você encontra dificuldade e não consegue me entender, abra espaço e se dedique a perguntas fazer. Sua felicidade depende disso, pedir, direcionar para o alto pedidos de esclarecimentos mais profundos do que esperar acontecer.

Fazer o bem é importante, mas é preciso a morte não temer. E caso você a tema, saiba que a teoria que você escolheu foi uma fuga "segura" dos recônditos de seu Ser.

Compreender o que é a morte do corpo libertará você para SER realmente você. Adentrará em um processo lindo e difícil, que te trará muito prazer.

Você não precisará mais nada temer, lerá qualquer livro, fará qualquer ritual, conversará com qualquer pessoa, e isso não será importante para você. Importante mesmo será sua transformação, o sair daquele lugar que você não conseguia ver.

Não via além do alcance, estava preso somente no esperar envelhecer e morrer, curtindo a ideia de estar só desprendido ou aguardando um Deus que te contaram e que nunca de verdade libertou você.

Chega de chorar, chega de sofrer, aperte o botão que Jesus, Buda, Krishna e todos os mestres ascencionados vieram ensinar a você.

Não se prenda a nada dos homens, confie no Deus que habita em você.

Depois disso, escolha o que quiser, você certamente terá esse poder.

Texto 12: Trabalhem, meus irmãos!

Trabalhem em si mesmos, pois todo o mal que habita em vós afeta vosso próximo.

Das mínimas às grandes coisas, sois responsáveis.
Foi-vos dada a oportunidade de escolher. Escolham olhar para dentro, sem distrações.
Vossas próprias mentes vos distrairão, porém vós possuís dentro de si o poder suficiente para identificar o que é bom.
Não permitais perturbações. A única forma de evitares o mal, é não se distrair, é focar no que vem de dentro.
Quando realmente entenderdes que dentro de vós habita o inimigo, o identificarás, o acolherás, e ele irá perder a força.
Mas enquanto acreditardes que o inimigo habita fora, e não perceberdes que o fora é um reflexo magnético do que habita dentro de vós, ireis vos perder na própria visão do Ego.
Não vos iludais mais. E lembrai-vos, o mal que se apresenta em forma de adversidades só é mau porque vedes assim. Muitas vezes é o bem maior que está ali.
Aprendam a enxergar com os olhos do espírito e verão que tudo é Amor na criação. Nada é por acaso. Tudo o que está aí é para ensinar-lhes algo valioso. Abram-se para a verdadeira visão. É chegada a hora.
Olhem para o inimigo de dentro com amor. Aprendam a se amar.
Não prejudiquem seu próximo. Mantenham vigilância do estado mental. Não existe vítima.
Mãos à obra!

Texto 13: Psicografia Sem Título

Sofrer ataques faz parte de seu plano. Aí habita a dualidade. Não se esqueçam de que a Natureza nunca se cansa e provê tudo aquilo de que necessitam sem cessar. Percebam isso, observem mais a mãe Natureza.
Sejam mais cautelosos em suas observações, o simples está passando sem a percepção de vocês, e, com ele, a grande mágica da vida.
A incredulidade passa por não mais conseguirem enxergar o milagre em tudo. Perdem-se dentro de suas exigências e trazem o caos cego para si e suas famílias.
É tempo de voltar à simplicidade, exercitar o olhar, despertar.
A força de que necessitam é abundante na Natureza. Reconectem-se com as vibrações que vêm de lá.
A Natureza é regida por Leis, e ao ignorá-las e escolherem continuar a ignorar, continuarão infelizes, e se tornarão miseráveis.

O aviso vem de cima, onde a vibração é firme na Luz. O Amor é abundante aqui. Esforcem-se e o sentirão.
Fazemos conexão, sempre. Peçam! E abrir-se-lhes-á.

Texto 14: Jesus

Como perceber se você está cego espiritualmente ou se possui uma fé cega?

Essa é uma boa pergunta, sobretudo porque é chegado o momento de transição planetária.

De tempos em tempos ocorrem mudanças naturais no Planeta, e isso inclui mudança do estado de consciência. Antigamente era normal matar por vingança. Eram os tempos primitivos, da barbárie. A consciência da maioria era primitiva.

Na época de Moisés, no Egito Antigo, havia a necessidade de estabelecimento de regras com rigor, porque reinava a selvageria humana.

Depois veio Jesus, com o ensinamento do Amor, ao qual infelizmente a consciência do povo da época não teve real alcance.

Já nos encontramos há bastante tempo em uma evolução lenta da consciência, o que depois de tantas pesquisas atribuo à fé cega, que infelizmente se encontra em todas as religiões.

Como disse, em toda religião está a verdade, que é uma só.

O despertar do Amor não vem de fora para dentro, não vem da religião.

O Amor não é um Dogma, não pode ser entendido pela Razão.

O Amor mora dentro, e nossas passagens aqui são justamente para que ocorra esse despertar.

O que está ocorrendo hoje é que repete-se o que Jesus ensinou, criam-se grupos, interpretam a Bíblia, criam-se afinidades dentro desses grupos, e automaticamente ocorre a separação de tudo o que for diferente disso.

Esse grupo formado "em nome de Jesus" acredita que precisa ir evangelizar outros, que só serão salvos pela conversão.

Isso é se fechar a uma visão limitada, que sim, vira cegueira.

A começar, que o caminho é individual, e obrigatoriamente precisa passar pelo autodescobrimento, buscas, compreensões, restaurações dentro de si mesmo, e assim por diante.

A pessoa acha que é só se congregar, ler as escrituras, evangelizar e pronto. Isso é cegueira e ignorância.

Não é nada bom acreditar cegamente nos líderes religiosos, porque a maioria não passou pela reforma íntima, apenas se converteu da escuridão de suas próprias sombras, para a luz. Mas as sombras estão lá, no pano de fundo, a fervilhar no inconsciente.

E é essa a razão de tanta hipocrisia dentro das religiões. A maioria não se trabalhou antes de escolher sua religião.

Jesus se converteu com quantos anos, meus irmãos? Qual foi a história de seus 30 longos anos?

Ele precisou se descobrir, e essa parte não é o objetivo das Escrituras.

Não estou entrando em julgamento aqui. Apenas quero ajudar você a identificar o que é fé cega, fé sem raciocínio, sem curiosidade, sem inteligência.

Jesus deixou o maior de todos os exemplos e a maior de todas as mensagens. Precisou de trinta anos para isso acontecer. Isso porque ele veio com a maior de todas as missões.

A fé dele não era cega. E ele deixou claro para todos que um dia todos seriam como ele. Como isso se daria? Como isso se dá? Questione a si mesmo.

Não apoio o excesso de confiança que os fiéis colocam em cima de seus líderes religiosos.

Eles podem até realmente beirar a santidade, a questão não é essa.

A questão é que alimentar o espírito não quer dizer amém para conteúdos religiosos, é passar pela transformação da personalidade terrena. Isso se dá ao compreender quem se é, olhar para dentro e ir esmiuçando ponto por ponto. E esse processo de purificação e desprendimento não se dá em apenas uma vida de no máximo 90 anos!

Já tivemos muitas vidas para trás, e isso já está comprovado, é preciso sair da cegueira, para que sua consciência possa avançar junto com o planeta.

Se todo o nosso planeta tomasse consciência da realidade da reencarnação se extinguiriam automaticamente todas as guerras e preconceitos raciais, porque todos saberiam e teriam consciência da maior Lei de todas: a de causa e efeito.

Assim, saberiam que a semeadura é livre, mas a colheita é obrigatória.

Não é questão de justiça divina, é de escolhas pessoais, e consequências dessas escolhas. Temos livre-arbítrio justamente para podermos experimentar, não há certos nem errados, há escolhas e consequências. Aprendizados e novas chances.

Se ficarmos paralisados naquilo que nossos lideres nos dizem ser certo somente como rebanhos cegos, nunca olharemos com a inteligência que nos foi dada para evoluirmos. Não evoluiremos.

Então, façamos como Jesus, que levou trinta anos para entrar em contato com seu próprio coração, e não somente fez porque estava escrito. Ele foi bem diferente do que esperavam dele.

Nunca, ninguém aqui nesse plano pode te dizer ao certo quem você é ou como deve ser seu próprio processo. É você que tem de caminhar seu caminho.

"Faça do seu jeito. No seu tempo. Mas faça." (Palavras do meu mentor para mim enquanto eu escrevia este livro.)

Seja você, conecte-se com sua essência. A religião é o de menos, ela vai escolher você. Não se preocupe com o que não é prioridade.

A prioridade é se autoconhecer e não fugir disso.

Texto 15: O objetivo de seu projeto

Estar encarnado é uma oportunidade. Ter consciência disso ajuda a lidar com as dificuldades e obstáculos de forma equilibrada.

Como se pode estar empenhado em um projeto sem saber seu objetivo? É saber o objetivo que te faz ter forças para superar os obstáculos.

Aqui seu objetivo é com você mesmo, com sua própria evolução.

Todos aqui têm, e continuarão a ter momentos difíceis, que poderão vir de questões internas assombrosas, ou externas, como perdas.

Para que não se percam do objetivo e não percam seu equilíbrio, é preciso amar estar aqui, é preciso compreender o sentido disso tudo.

No caminho aparecem fatos, pessoas, situações, perdas, ganhos, casamento, filhos, vizinhos, viagens, trabalho, desemprego, crises, etc. Tudo isso, cada coisa, tem um propósito para você. Não é necessário o tempo todo focar nos porquês, não precisamos entender tudo o tempo todo, seria loucura.

Mas a compreensão de que tudo isso é temporário, e que vai passar, sendo bom ou ruim, vai passar do mesmo jeito. São oportunidades de te ensinar algo. Tudo aquilo que você tem ou que você passa deve tocar seu coração, no aqui e agora, o sentimento de gratidão deve estar o tempo todo presente. Mesmo nas situações de perda.

Não precisa gostar da dor, mas é preciso saber que ela está ali para te ensinar a não se perder de si mesmo, nem de seu equilíbrio. Porque sem equilíbrio, sem saber abraçar suas dores, seus medos, e enfrentá-los, você estará apenas jogando para a frente o real objetivo de estar aqui.

Não há necessidade de entender tudo, mas é necessário ACEITAR tudo exatamente como se apresenta para você. Questionar ou lutar contra não mudará o fato. Mas a compreensão de que é uma oportunidade, que se apresenta para que você enfrente, trabalhe e supere suas sombras, isso sim é realmente aproveitar essa oportunidade de estar encarnado.

Texto 16: Psicografia Sem Título

Meus filhos, sou mãe, fui escrava, e lhes digo que há um fim. Um nobre momento do fim.

É uma decisão, uma escolha. Escolham o fim! O fim de agirem sozinhos, sem nos outros pensar, um fim a esse pouco que estão a galgar!

Filhos queridos, o tempo chegou de confiarem na espiritualidade. Sentem, conversem, sem medo, sem julgamento. Existe o chamado no coração.

Vocês são irmãos, quando decidem ferir, ferem primeiro a si, porque nenhum de vocês está separado, isso é ilusão.

Onde os egos de vocês estão lhes levando?

Levando a acreditar na separação.

Estudem! Se faz necessário!

O Ego faz com que vivam reagindo, se ferindo, abrindo feridas e dificuldades em vocês mesmos.

Parem de reagir. Quando eu era escrava, muito aprendi, e muitos dos que nos espancavam sabiam dentro de si que aquilo os feria também. Muitos não podiam mais nem ouvir a si mesmos. Esfriaram.

Cada época traz aprendizado de como funciona a estrutura dos homens.

Buscam aprovação entre si, poder, dinheiro. Parem de agir sem refletir.

Existe um caminho que junta todos. O caminho do Amor.

É chegado o momento de com Amor agir.

Peçam ajuda para desabrochar sua capacidade de amar de verdade, e verão a porta se abrir.

O tempo da mãe escravidão acabou. Mas vocês insistem em se manter escravos e reféns de suas próprias sombras.

Que tal passarem a alimentar sua própria luz?

Sozinhos não vão conseguir. Busquem cumprir com o que se comprometeram antes de vir.

Cada um de vocês possui guias. Espíritos que estão também em evolução e que, assim como vocês, precisam trabalhar.

Trabalhem juntos em comunhão. Não pensem que não são espíritos. Porque espíritos são, em corpos que vos servem de oportunidade para aprendizado.

Existem muitas dimensões além das que podem ver e ter acesso.

Busquem e encontrarão.

Chega de ficar reagindo. Encontrem a felicidade, ajudem-se entre si, e assim a felicidade se revelará. Mas é preciso buscar ajuda. Sozinhos não dá.

Com muito amor.

Texto: 17: É hora da Ação

Tanto saber para repartir e compartilhar!
De nada adianta se o ser não sabe errar.
Errar, aprender, levantar e caminhar.
Muita gente aí querendo ensinar na intenção boa de ajudar.
A hora agora é a hora do Ser.

SER é no final das contas – mesmo com todas as dificuldades internas, que se apresentam ao longo do caminho – ter coerência.

A mente humana puxa para ela tudo o que pensa. Pensamentos tomam forma. E disso muitos sabem falar. Falar, falar e falar.

É hora da AÇÃO. Se você pensa, concretiza. Se fala demais, pode até ajudar quem de palavras precisa. Mas o mais importante aqui é o trabalho interno.

Cada um precisa trabalhar por si. No caminho se faz necessário dar e receber ajuda. Todos alunos, todos professores.

Todos Um em uma corrente.

Porém, se faz necessário e urgente não se perder no caminho do ensinar e ajudar.

Todos têm teto de vidro e pedra na mão para atirar. Lutem contra essa tendência nefasta de não querer se olhar.

É preciso sacudir. Uma hora até perder a referência se faz necessário, para que o ser se encontre dentro de si mesmo.

No início é preciso muita ajuda, o ser perdido precisa encontrar fora dele um ou vários pontos de apoio. Vai se modificando, seguindo orientações, seguindo exemplos.

Depois que incorpora as teorias, aprende no racional, precisa praticar. E é no caminho que isso se dá. Há um período de isolamento para se firmar. Se percebe diferente, modifica percepções.

Sente um choque quando vê que a maioria só sabe falar. Ele mesmo vai precisar se cuidar.

A ação é o mais importante.

Texto 18: Tudo é questão de Consciência

O principal propósito de estar aqui é a mudança e transformação da consciência.

Existem inúmeros níveis conscienciais. As repetições que se dão em nossas vidas se tratam disso.

Enquanto não modificamos a consciência, continuamos criando as mesmas situações.

Por isso se fazem necessários, aqui nesse plano, os altos e baixos.

E quando o indivíduo se torna consciente da impermanência de tudo, muita coisa começa a mudar dentro dele.

Muda-se a perspectiva.

Aprender a lidar com os altos e baixos dentro de si mesmo é essencial, e esse aprendizado se dá através da consciência e aceitação da realidade como ela é.

A realidade é transitória.

Buscar estabilidade a qualquer custo pode ser enlouquecedor, porque os reveses virão, até como forma de alerta para que haja algum tipo de transformação. Todo revés traz em si alguma mensagem ao ser, que deve voltar-se para si e trabalhar em sua melhoria.

Tomar consciência do "conflito" é o primeiro passo para superá-lo e transformá-lo.

Texto: 19 Psicografia Sem Título

É chegado o momento de entrar em contato com o que se sente e SER!

Então, Dar, com base no Ser.
Se assim o fizer, irá também receber.
Receberás do Universo a própria abundância do Ser.

É quando se dá, da fonte direta do Ser, que a alma se conecta ao esquema Maior de Dar e receber.

Servir, Servir, Servir
Receber, Receber, Receber
Dar, sem nada querer
Essa é a essência da Alma
A essência de cada ser
Caridade não se trata de dinheiro
É ser Presente em cada amanhecer
Estar de prontidão e consciente
Atento a tudo o que se dá à sua volta
Não se permita isolar na imensidão do Ego
É o estado pleno do Ser.
Firmar no momento presente, que está muito além do querer e ter
A consciência do Agora te faz presente
Na livre troca com o fluir do Universo
Faça consciente
Viva no presente
Seja você
A ansiedade só te leva a vir a ter
Tenha o presente
Não seja ausente
E receba tudo o que Deus dá para você
É todo dia, todo santo dia
Acorda e trabalha
Sem querer agradecer
Agradeça o presente
Se torne mais consciente
Em cada detalhe Deus provê.
Você não consegue nem parar para receber o Ar
Receber a Vida
Tudo aí abundante para se ter
Parem um pouco sem atividades

Percebam o estado de Vida dentro de vocês
Desacelerem desse estado Louco, que é querer ser especial sem querer realmente se ver
Encontre seu dom e o coloque a serviço
Trabalhe seu ego a respeito disso.
O Ego leva ao Poder
Querer dominar e exercer poder já revela postura de superior
Foge completamente do Vir a Ser (Servir)
Seja Pleno em Tudo o que Faz.

Texto 20: Coração a pulsar

Esteja disposto
Com a mente aberta
A palavra desperta
Coração a pulsar
Estabeleça a corrente
Só olhe para a frente
A vida acolhe a gente
Sou a prova, aqui está.
Nunca se force
Compreenda, tranquilamente
Ao natural, fluidamente
Jogue a semente
Cuide dela e começará a brotar
Não existe pressão
Quando na intenção
O que governa sua ação
Nasce do coração, a pulsar.

Texto 21: O amor desabrocha

Essas situações de dor servem para te firmar no Amor. Ao transformar em ódio ou rancor, o ser cria seu próprio destino.

Destino de sofrer como um menino, que chora e grita quando deseja encontrar.

Existe um propósito na vida e se revela no cair e levantar.
A raiva, a tristeza, o ódio, a melancolia
Tudo isso é fugir da dor sem conseguir superar.

Na raiva você diz que supera
Mas lá no fundo se revela sua incapacidade de com sua dor lidar.
Então pense um instante
De quê morre um amante?
Da dor da saudade que bate no peito até sufocar
Quando sentimos dor, nos lembramos de Deus
Será que somos de fato filhos seus?
Ou meros perdidos na poeira e no Breu?
Estamos marchando de volta aos braços do Pai
O caminho é livre, mas a chegada é certa
São vários desníveis
A gente progride
Progride
Progride
Me desencanto na dor de um amor que
sempre tive
Nunca tive
E sobrevive.
O Amor de Deus habita em mim
Um filho jogado
Retalhado
Mal-amado.
Na estrada rumo ao Pai, me perdi.
Fui parar na Dor
Que eu própria construí
E Nela a resposta
A resposta rabiscada bem ali
Corri, Corri
Sofri, Sofri
Em busca do meu Pai Amado
Da verdade me perdi
Meu único Amor Eterno
Que na dor se desperta bem aqui
No fundo para fora
dentro do meu peito
que de tanto pesar, confia em Ti
o amor é louco?
Sufoca o peito

Me causa desgosto?
Loucura, Loucura
Te odeio com gosto
Andei mais um pouco
Minha alma perdi
Mas eu não te amava?
Será que enlouqueci?
Suando, gelei.
Fraquejei, me pari.
La se foi tudo outra vez
Com toda a raiva e mágoa
Me perdi
Achei que era feliz
Mas na dor não quis ver
Suas mãos em meus quadris
Fazendo-os mexer no ritmo certo
Rumo à cicatriz
Da cicatriz à memória
Ufa!
Essa foi por um triz!
Saí pela tangente
Talvez porque haja tanta história
Tantas vidas
Tanta escória!
Um dia chega e a gente acorda
Pisa presente
Respira e chora
E ao chorar, humildemente
Um sino toca
A Amor ali dentro... BOOM!
Desabrocha!

Texto 22: Ego x Consciência /Criação x Evolução

O Ego pode ser equiparado a uma entidade dentro de nós, que precisa se alimentar de histórias, precisa ser especial.

Nossa consciência é exatamente o que ele tenta não nos deixar ouvir.

O Ego não existe nos planos superiores. Ele existe aqui para que possamos ter a oportunidade de sermos seres individualizados.

Na verdade o que o Ego provoca em nós é a ilusão da separação. Ele nos faz acreditar que não estamos conectados.

Isso se faz necessário para que entendamos e compreendamos como se dá o mecanismo de criação e evolução.

Nós já somos luz, já somos o Todo, o Amor e a Bondade. Somos fragmentos de Deus, e juntos somos um só espírito.

Estamos vivendo agora um estágio necessário antes de novamente nos unirmos ao Todo, no plano onde há somente a luz, sem a ilusão, sem a carne e sem o Ego.

Toda a criação passa por estágios. Nada se perde, nada vira nada.

Tudo continua eternamente, de forma transformada, em um esquema *continuum* do Universo.

Esse plano é dedicado a nós, que ainda estamos, em sua maioria, governados e presos pelo ego, de forma ainda inconsciente.

O despertar se trata de se tornar consciente da existência do Ego e, acolhendo-o, irmos aprendendo a identificá-lo em nossas ações e pensamentos.

Trazê-lo à consciência já é o suficiente para vir à tona toda a loucura que era nossa vida quando governados por ele enquanto estávamos inconscientes.

Não se pode combatê-lo nem tentar matá-lo, não se pode, pois ele se faz essencial para que a consciência desperte. Sem ele, esse plano físico não existiria.

Trata-se de colocá-lo a serviço da consciência, que deve estar a serviço da Luz.

Quando nos identificamos demais com algo, nos tornamos esse algo. E isso é o Ego. Quando desejamos algo, esse é o desejo do Ego. Ele nunca para de desejar. É compulsivo por Ter, por Pensar.

É por causa do Ego e da Consciência que esse mundo é Dual. É por causa dele que existe o conflito. Do mau uso dele. Então, devemos encontrar o equilíbrio. Equilíbrio entre o Ser (que envolve um estado alerta e consciente do servir ao Todo) e o Ter (que deve estar a serviço do Ser, da consciência, e não do Ego)

Esse é o mundo ideal, que tanto buscamos. Onde a Luz do Ser ilumina a escuridão do Ego.

Virar essa chave é uma questão de poder de decisão.

Não cabe na Luz a indecisão. A indecisão não cabe no Amor. O Amor é Luz, que habita todo o Ser. O processo é rumo à Luz.

Os desvios se dão pelo Ego, que habita em nós e tem medo de morrer, de ficar pobre, de não ser ninguém, de desaparecer. Então ele nos induz a pensar, dialogar, sem parar. Não nos deixa sequer relaxar para não ser descoberto.

É disso que se trata a vida, ou melhor, tantas vidas!

E é por isso que os mestres iluminados não precisam falar em espíritos nem em trevas. Porque realmente tudo começa dentro de nós, no equilíbrio vibracional entre o Ego e a Consciência. Quando dominados pelo Ego, viramos seres de baixa vibração. E esse plano é composto ainda em sua maioria, por baixa vibração, tanto de seres que possuem corpo físico quanto os que não possuem, mas ainda se encontram necessitados dos aprendizados daqui. Pegaram alguns desvios e necessitam ainda reencarnar na Terra para terem a oportunidade de aprendizado e equilíbrio.

Os grandes mestres iluminados, que trouxeram a verdade e a importância da meditação e oração, não tinham necessidade de falar em vibração, frequência e energia, até porque o mundo ainda não estava pronto.

Hoje estamos prontos, e essa é a verdade que liberta. Faz-se necessário trazer à Luz da Consciência do que se trata esse plano e de como se dá a evolução. Com inteligência e estudo, percebemos que a evolução e a criação andam juntas, e não separadas. Como tudo no Universo.

Texto 23: Conexão

A característica essencial encontrada em todos, ou quase todos os seres que nos trouxeram ideias inovadoras e que conseguiram nos ajudar a compreender o Universo de forma científica, palpável, empírica é: o questionamento profundo, a introspecção.

Fazer-se perguntas, e lançá-las ao Universo, com estados contemplativos e serenos, certamente faz o ser entrar em contato com uma dimensão diferente dentro de si mesmo.

Um estado mais iluminado, onde se faz conexão com a Essência do Todo Universal. Uma espécie de projeção holográfica do Universo, isso é o que somos, e dentro de nós, cada célula também traz todas as informações a nosso respeito.

Como tudo é vibração e energia, quando acessamos estados tão serenos, que chegam a expandir nossa percepção e consciência, vibramos mais alto, nossa energia responde também se expandindo, e nossos átomos também passam a vibrar em frequência elevada.

Nesse momento, entramos em um campo que nos abre contato com aquilo que somos e viemos fazer aqui. Todos temos uma missão, que deveria ser revelada. Para isso, há necessidade de deixar abrir a sensibilidade, um estado de Ser, muito comum nos artistas e nos ditos "loucos".

Essa sensibilidade abre portas para nosso centro criador e criativo. O olhar se aprofunda, e a verdade aparece.

A religião, por ser muito mental, bloqueia esse acesso. Por isso escolhi minha religião depois de despertada minha consciência. Não há necessidade de religião.

Vivenciando esses estados, que também podemos chamar de místicos ou esotéricos, a verdade da existência é acessada, sem a mente e os pensamentos estarem identificados com conceitos ou crenças, que limitam o homem, na maioria dos casos, o impedindo de acessar a verdade, se tornando teórico e autômato, dominador através do processo mental. Utiliza erroneamente sua energia.

Hoje já estamos prontos para despertar. Não há mais barreiras. Somente devemos focar na desconstrução de um Ego coletivo, autodestrutivo e limitante.

Para que soubéssemos o que é a força gravitacional, foi necessário que alguém se sentasse e percebesse o óbvio. Apenas isso.

Essa quantidade de informação e intelectualização avassaladora que temos hoje não deve ser utilizada para nos alienar de nós mesmos e da realidade que está acontecendo dentro e ao redor de nós, feito um milagre, segundo a segundo.

É só parar tudo e limpar a mente, que se pode perceber através da respiração e dos órgãos internos e sensações corporais dos cinco sentidos, que tudo dentro de nós está conectado ao fora, em uma dança quase mágica da Natureza.

Texto 24: O maior de todos os ataques

Existem ataques externos, e são poderosos.

Mas o pior de todos os ataques vem de dentro de nós.

Quando nos mantemos cegos de nós mesmos, entramos em um estado constante de negativismos e autoataques. Projetamos fora, como se viessem de terceiros, sejam encarnados ou desencarnados, quando na realidade vêm de dentro.

Por essa razão, é preciso identificarmos nossos mecanismos internos, autossabotes e, principalmente, pontos fracos, que nos levam à reatividade.

O autoconhecimento verdadeiro leva à verdadeira espiritualidade, que é autoamor, autoperdão e confiança.

O caminho oposto a isso é o Ego.

Texto 25: O bom uso do livre-arbítrio

Ao satisfazer a si mesmo, o Ego em busca de identificação sempre inquietará a mente do ser. Uma vez identificado, não irá se perceber.

A identificação do Ego com algum discurso, ou qualquer coisa, faz o ser acreditar que é ele mesmo a fonte de todo saber, está iludido com suas verdades, iludido na razão do querer ser.

Cuidado! Muito cuidado, pois estás descobrindo a potência do seu ser! É um momento que exige cautela, pois você acredita muito saber. Ninguém aqui sabe nada, e o pouco que sabem, falam, falam, falam, sem nada saber.

A Consciência Divina está fora, mas também está dentro de cada ser. Um ser que escolhe se calar se desidentifica do discurso do ego, consegue sentir a paz do estado presente. Quem cala nem sempre consente, é estado da mente consciente, que se apoderou de sua liberdade, e escolhe ser Oásis no Deserto.

Escolher calar consciente é a saída da alma ascendente, em um estado de luz iminente, que enxerga em cada ação uma opção amorosa e espiritual para consigo mesma.

O processo de transformação se dá, única e exclusivamente, dentro de quem não está preocupado com o processo de transformação alheio.

No momento em que se tenta impor seu próprio processo ao outro, se interrompe o autêntico estado do ser, perde-se conexão com o estado divino da essência.

Confiar na espiritualidade envolve abster-se de suas próprias verdades. A entrega plena e completa é a confiança de que nada precisa ser dito, apenas ir se libertando, camada por camada, das ilusões gritantes de um ego identificado com o saber, que ele próprio construiu, que nada vale no oceano divinal da essência, que só se apodera no estado consciente presente do ser que apenas É. O ser que nada precisa dizer. E somente diz palavras que saem do coração, que é sempre respeitoso, tranquilo, sereno, bondoso e puro.

O verdadeiro livre-arbítrio é o poder de escolher não reagir nem falar pelo ego, mas sim agir pelo coração, pela não reação, pelo não domínio, pela ausência de controle.

Texto 26: Autoobsessão e Obsessão

O que é meu está dentro de mim.

Sou eu que escolho o que entra.

Venho há muitas existências atraindo situações que me geram raiva. Sendo assim, já vim para essa vida com uma carga bem grande de raiva para tratar aqui. Pode perguntar para os meus pais como eu era uma criança raivosa.

Até fiquei assustada quando me disseram, durante o trabalho apométrico, que não vou conseguir tratar toda a minha raiva nessa encarnação. Mas é justo, afinal, levei inúmeras encarnações a colecionando.

Já consigo sentir muita diferença, porque os trabalhos de limpeza estão não só afastando e tratando os seres raivosos que atraí ao longo dos séculos, mas principalmente, para a estão me despertando consciência de que o maior trabalho de limpeza é o meu, sozinha, identificando agora com mais tranquilidade, sem tanta perturbação, que o esquema mental que criei é equiparado ao de um obsessor. Eu me tornei obsessora de mim mesma.

Quando vejo alguém sendo incoerente e dentro de meus julgamentos, injusto, dispara uma negatividade, que energeticamente voo no pescoço da pessoa durante dias, semanas e meses (processo energético e mental).

Portanto, através de meu exemplo, desejo explicar o processo de obsessão, não se dá de fora para dentro, mas de dentro para fora.

No estado mental reativo e inconsciente em que a maioria se encontra hoje, por si só já faz com que as pessoas sejam idênticas aos seus obsessores.

Foi exatamente o que constatei durante minhas inúmeras sessões de desobsessão. Meus obsessores falavam o que pensavam e eu ouvia da boca deles exatamente todo o meu esquema mental, os pensamentos deles eram meus pensamentos!

Conforme eles foram sendo encaminhados para tratamento no astral, eu ia conseguindo me sentir mais leve, livre e identificando melhor os padrões mentais que precisava trabalhar dentro de mim, para que não atraísse seres parecidos novamente.

Primeira coisa, temos de distinguir o que vem de fora, por exemplo, se seus pensamentos recorrentes e fixos giram em torno de uma pessoa específica, da forma errada dela, do jeito dela, esse tipo de coisa vem de fora de você.

Essa pessoa está fora. Portanto, tudo o que ela faz, diz, ou pensa, foi parar dentro de você por quê? Começou a habitar dentro de você porque você se identificou, se confundiu com você mesmo e permitiu afastar-se de si mesmo a tal ponto, de se esvaziar completamente. Foi dominado.

Então, a segunda coisa é dar um comando mental com presença e convicção: "Isso não é meu, essa não sou eu, somente eu habito em mim".

O que pude perceber e me foi revelado em uma visão interior, foi que havia uma personalidade minha, construída ao longo dos séculos, extremamente descontrolada, que quando irritada agia com virulência. Tomava forma de monstro e se lançava ao pescoço do alvo até se satisfazer com tanto sangue.

Parece pesado, e estamos falando de energia. É o que todos nós fazemos com nossos alvos. Nossa energia doente e contaminada se projeta neles, e eles são atingidos, mesmo que não se deem conta conscientemente.

Seres raivosos desencarnados tomam formas horrorosas. Pude visualizar minha forma monstruosa. E abriu mais um pouco minha consciência de que estamos lidando, no plano extrafísico, com entidades e elementais, mobilizamos energias nocivas constantemente, tanto para nós quanto para os envolvidos.

Identificar isso é ponto importante e essencial. Se o outro me irrita ou me desperta a raiva é minha a escolha de deixar o outro entrar em mim e começar a viver para atacá-lo através de meus pensamentos fixos e obsessivos. Temos o poder de ativar ou desativar processos obsessivos e autoobsessivos.

Com a compreensão do Amor, um novo esquema se inicia. Com a consciência, o ódio vai perdendo a força. Toda vez que minha personalidade raivosa aparece e pula no pescoço do alvo, tomo consciência, ativo o comando e pego ela no colo (importante é não querer lutar contra ela), ela vai imediatamente para tratamento, porque agora conto com a ajuda da equipe espiritual da luz que caminha comigo. Eu a chamo, e pronto, entrego.

Estamos aqui para tratar nossas personas que foram construídas há tantas existências. Nada se formou somente aqui nessa encarnação. Somos um aparelho que carrega uma infinidade de memórias, potencialidades, registros e, junto com isso, também mobilizamos muitos seres, fizemos inimigos que também se perderam fora de si mesmos e se transformaram em seres vingativos que vivem para nos atrapalhar e se alimentam de nossos sentimentos inferiores.

Quando buscamos ajuda, uma das partes mais lindas dos trabalhos feitos em centros espiritualistas e espíritas é ver que estamos ajudando muitos outros seres a também encontrarem sua própria luz, que ficou apagada no *blackout* da ignorância e inconsciência de si mesmos.

Isso ocorre e ocorreu pelo estado ainda primitivo de consciência do próprio planeta. Agora estamos avançando na consciência e evoluindo nos recursos de limpeza e libertação.

Dessa forma, novas personalidades vão sendo criadas e ativadas, as antigas vão sendo desativadas.

É o velho indo para o novo poder entrar.

Texto 27: Psicografia Sem Título

É um Novo Tempo!
Tempo em que tudo o que estava adormecido vem à tona
Isso inclui o bom e o ruim
É tempo de colheita
Tempo de Limpeza

O que serve para o mal não serve para a Luz, mas entenda que o mundo é da Luz e, portanto, até o mal tem serventia para o Bem.

Mal e Bem coexistem para ajudá-los a enxergar como é viver sem Luz.

Peço que quando se perder dentro de si e de seus maus pensamentos, lembre-se de que já venceu a escuridão. Já está passo a passo no caminho da Luz.

Para se firmar é preciso iluminar os outros, não desanime diante da ignorância ou oposição.

Através dos obstáculos fortaleça sua fé em Deus. Esse é o bem maior nesses tempos difíceis.

O tempo de colheita é sagrado, tanto para os bons quanto para os maus, porque é dada a oportunidade de abrirem-se para a Luz.

Chega de miséria espiritual. O amor triunfará.

Texto 28: Psicografia Sem Título

Os adversários, os inimigos, mesmo que sem querer, estarão entre seus amados.
Força para a luta, força de guerreira.

Amor.
Todas as pessoas são apenas espelhos que te mostram aquilo que você precisa ainda trabalhar.
Não tema. Firme na Luz.
Não abaixe a cabeça.
Um guerreiro não desiste.
Força para a luta.
Finque-se no amor e encha o peito. Ajude. As pessoas precisam de ajuda, precisam de orientação e boas palavras.
Não se identifique com elas, não é nada pessoal. As pessoas se confundem com seus egos.
Por isso é preciso amor e firmeza.
Seja clara e firme no Bem.
Caboclo sete Espadas.

Texto 29: Conexão com meu Eu Superior

"A vida nos move
Monta e desmonta
Dei o primeiro passo
Foi só começar

Caiu meu mundo
Perdi minhas rédeas
Fiz e desfiz
Coração a pular

Das oito às nove
Das nove às dezenove
Longos estudos
Não podia parar

E nessa jornada
Quem gritava era minha alma
Que de tão feliz
Começou a chorar

Quando chorei
O meu canto parou
Parei e olhei
Estava tudo a brilhar

A vida era a mesma

Talvez tudo igual
Mas por dentro eu tinha
Uma luz divinal
Passei pelas trevas
Tormentos e lama
Me joguei no incerto
E agora olha lá!

Me vejo contente
Com gente que mente
Que se joga na lama
Feliz a dançar

Mas estou tão contente
Que olho para eles
Sem mostrar os dentes
Me ponho a orar

Porque agora é eterno
Entrei no caminho
Que meu espírito sozinho
Se pôs a trilhar

Eu brilho no escuro
Porque tenho uma luz
Que bate e reluz
É Deus a brilhar

Eu caio e levanto
Profundo ou ao vento
Tanto faz ao relento
Somos dois. Saravá

Misturo as correntes
Meu caminho é para frente
Meus anos de glória
Eu enxergo, estão lá!

Para trás eu não ando
Nem vazio me encontro
No máximo me jogo para lá e para cá

Porque o hoje é minha sina

*Nem santa, nem menina
Essa vida me ensina
Com meu pai Oxalá
Hoje me chamo Daphine
Já tive outros nomes
Outros sobrenomes
E amanha mais terá*

*Sou espírito errante
Com um coração pulsante
Uma história brilhante
Um milagre a brilhar*

*Estou nessa história
Sem choro nem vela
Eu pinto aquarela
O sol lá está*

*A vida é bela
Minha mãe é Isabella
Me ensinou um caminho
Que escolho não estar*

*Vim para essa vida
Encontrar a verdade
Caminhar com liberdade
Coração a pulsar*

*Me encontro serena
Num canto, pequena
Trabalhando a humildade
Que é para não tropeçar
Eu amo a Bella
Pequena e singela
Achando que é dela
O meu bem-estar*

*O caminho é sozinho
Tão longo o caminho...
Mas é preciso coragem
Para não sufocar*

*Lá dentro enxerguei
Acordei, suportei*

Enfrentar as verdades
Sem me enganar

Despi as loucuras
Ferramentas passivas
De morte, outras vidas
Tudo agora está lá

Família é divino
É um toque, é um sino
Que bate lá dentro
Para a gente mudar

É a chave da toca
Onde mora a resposta
Da vida da gente
A alma está lá

Ela planta a semente
E a família da gente
Nos dá a chance
de descer para mudar

Esse lugar não é nosso
Caminhamos para a frente
Num mundo distante
Que não é de Jeová

Jeová é um Deus
Inventado por judeus
Que não ama os seus
Porque está a se vingar

Deus não é vingança
Nem morte
Nem lança
Por trás dessas trancas
A luz a brilhar

Deus não tem nome
Nem véu
Não tem trono
Nem céu
Ele é luz
É fiel

Coração a brilhar
Não é dono da morte
É infinito
Sul e norte
Uma sintonia de corte
Nosso Pai aqui está

É no coração
Bem dentro da gente
Que se encontra a semente
Do Pai Oxalá

Oxalá não é Deus
É um Orixá
Orixá é uma força
Que vem da Natureza
Com tamanha beleza
A nos ajudar

Oxalá é Jesus
Nosso mestre presente
Na terra da gente
Para nos adiantar

Tanto faz o nome
Ou o codinome
Um santo responde
Sem se preocupar

Pensamento tranquilo
Sem tormenta
Sem grilo
Forte, aja em sigilo
Tente não julgar

Porque essa vida passa
O nome repassa
Na vida se engraça
E é o espírito que está lá".
(Daphine Grimaud – 2015)